Rec

L'Académie française, comme les instances francophones compétentes (notamment en Belgique et au Québec), a approuvé à l'unanimité un certain nombre de rectifications proposées par le Conseil supérieur de la langue française. Celles-ci ont été publiées en France au *Journal officiel* le 6 décembre 1990. En outre, l'Académie les mentionne dans l'édition de son *Dictionnaire* en cours de publication, et en emploie dans les articles de ce *Dictionnaire* (*évènement*, par exemple).

L'orthographe, si on la compare à un vêtement de la langue, doit s'ajuster à l'évolution. Depuis trois siècles, l'Académie française n'a cessé de s'en occuper.

En 1740, par exemple, dans la troisième édition de son *Dictionnaire*, elle a modifié la graphie d'un mot sur quatre. Un siècle plus tard, en 1835 (6e édition), l'Académie a réintroduit le *t* dans les pluriels *enfans*, *contens* et d'autres ; *ai* a remplacé *oi* dans *j'avois*, *il étoit*, qui sont devenus *j'avais*, *il était*.

Les rectifications actuelles touchent un peu plus de deux-mille mots ; or près d'un tiers d'entre eux avaient déjà en 1990 une forme dite nouvelle dans un ou plusieurs dictionnaires d'usage courant. Les éditions récentes de ceux-ci enregistrent une très large proportion des formes rectifiées. Les outils informatiques, en particulier les vérificateurs d'orthographe, sont également mis à jour.

Ces rectifications tendent à supprimer des anomalies de l'orthographe française, des exceptions ou des irrégularités[1]. Elles touchent en moyenne moins d'un mot par page d'un livre ordinaire et, souvent, il s'agit d'un accent.

Par exemple, l'accent circonflexe ne se met plus (à quelques exceptions près, justifiées) sur les lettres *i* et *u* : *abime*, *assidument*, *connaitre*, *il apparait*, *couter*.

L'accentuation de mots tels *allègement*, *allègrement*, *évènement* correspond maintenant à leur prononciation habituelle.

Des familles désaccordées sont harmonisées : *bonhommie* s'écrit avec deux *m* comme *homme* ; *boursouffler* ressemble à *souffler*.

Les numéraux composés, cardinaux ou ordinaux, sont unis par des traits d'union : *vingt-et-un-mille-deux-cent-cinq*, *huit-centième*.

Les graphies anciennes restent admises. Quant aux graphies nouvelles, elles ne peuvent que rendre service aux usagers d'aujourd'hui et de demain[2].

---

[1] Les rectifications ne concernent ni les noms propres ni leurs dérivés.

[2] Pour en savoir plus, il est conseillé de lire :

CATACH, Nina. *L'orthographe en débat*, Nathan, 1991
CATACH, Nina. *Histoire de l'orthographe française*, éd. posthume par R. Honvault, Slatkine, 2001
CONTANT, Chantal et Romain MULLER. *Connaitre et maitriser la nouvelle orthographe*, De Champlain S. F. [livres@dechamplain.ca], 2005
GOOSSE, André. *La « nouvelle » orthographe. Exposé et commentaires*, Duculot, 1991
MULLER, Charles. *Monsieur Duquesne et l'orthographe. Petite chronique française 88-98*, CILF, 1999
L'ortografe ? C'est pas ma faute !, dir. R. Honvault, Corlet-Marianne, n° 42, coll. *Panoramiques*, 1999
Il est suggéré de consulter le site *www.orthographe-recommandee.info*.

Les règles

Aucune des deux graphies
[ni l'ancienne ni la nouvelle]
ne peut être tenue pour fautive[1]

A *Le trait d'union et la soudure*

A1-5 **Le trait d'union est remplacé par la soudure dans :**

A1 **tous les composés formés avec *contr(e)-* et *entr(e)-*,** pour lesquels on poursuit l'action commencée par l'Académie en 1835, 1878 et 1935 (ex. : *contrappel*, *entretemps* sur le modèle de *contrepoint*, *entrevue*) ;

A2 **tous les composés formés avec *extra-*, *infra-*, *intra-*, *ultra-*** (ex. : *extrafort* sur le modèle de *extraordinaire*), comme les composés de *en-*, *sur-*, *supra-*, déjà soudés ;

- *N.B.* Le trait d'union est maintenu dans les mots où la soudure engendrerait une prononciation défectueuse (ex. : *extra-utérin*).

A3 **les composés d'éléments « savants », en particulier en *-o*** (ex. : *autoécole* sur le modèle de *radioactif*) ;

- *N.B.* Le trait d'union est maintenu dans les noms propres ou géographiques où il sert à marquer une relation de coordination entre les deux termes (ex. : *gréco-romain*).

A4 **les composés de formation onomatopéique ou des mots d'origine étrangère** (ex. : *bouiboui*, *weekend*, *un apriori* sur le modèle de *coucou*...) ;

A5 **certains composés formés à l'origine d'un verbe et d'un nom, ou d'un verbe et de *-tout*, les composés avec *bas(se)-*, *mille-*, *haut(e)-*, et quelques autres composés** (ex. : *portemonnaie*, *mangetout*, *millepatte*, *rondpoint* sur le modèle de *portefeuille*, *faitout*, *hautbois*, *plafond*).

***N.B.* Ces mots étant devenus des mots simples, ils suivent la règle générale du singulier et du pluriel** (ex. : *un millepatte*, *des millepattes* sur le modèle de *un millefeuille*, *des millefeuilles*).

A6 **Les numéraux composés sont systématiquement reliés par des traits d'union** (ex. : *vingt-et-un-mille-six-cent-deux*, *quatre-centième*, *un-million-cent*).

---

[1] *Déclaration* précédant les listes du *Dictionnaire de l'Académie française* (9e édition) dans les fascicules du *Journal officiel de la République française*, depuis le 22.05.93

▸ *N.B.* On distingue ainsi *quarante-et-un tiers* (41/3) de *quarante et un tiers* (40 + 1/3), et aussi *mille-cent-vingt septièmes* (1120/7) de *mille-cent vingt-septièmes* (1100/27), de *mille cent-vingt-septièmes* (1000/127) ou encore de *mille-cent-vingt-septième* (1127ᵉ).

▸ B *Le pluriel*

B1 **Les noms composés, avec trait d'union, formés à l'origine soit d'une forme verbale et d'un nom, soit d'une préposition et d'un nom,** parce que perçus comme des mots simples, **prennent la marque du pluriel au second élément, seulement et toujours lorsqu'ils sont au pluriel** (ex. : *un essuie-main, des essuie-mains, un cure-ongle, des cure-ongles, un garde-côte, des garde-côtes* – qu'il s'agisse de personnes ou de choses –, *un après-midi, des après-midis*).

▸ *N.B.* La règle ne concerne pas les quelques composés dont le second élément contient un article (ex. : *trompe-l'œil*) ou commence par une majuscule (ex. : *prie-Dieu*).

B2 **Les mots empruntés à d'autres langues, dont le latin, suivent la règle générale du singulier et du pluriel des mots français** (ex. : *les boss, les gentlemans, les matchs, les minimas, les minimums*).

▸ Exceptions : les noms ayant conservé leur valeur de citation (ex. : *des requiem*).

▸ C *Les accents et le tréma*

C1 **Devant une syllabe graphique contenant un e instable (dit « e muet »), on écrit è et non é.** Ainsi :

— on écrit *évènement* sur le modèle de *avènement*, *règlementaire* sur le modèle de *règlement*, etc. ;

— les formes conjuguées des verbes du type *céder*, au futur et au conditionnel, s'écrivent avec un accent grave (ex. : *elle cèderait* sur le modèle de *elle lèverait*) ;

— dans les inversions interrogatives, la première personne du singulier en e suivie du pronom personnel *je* porte un accent grave (ex. : *aimè-je*).

▸ Exceptions, en raison de leur prononciation normée en syllabe initiale :

— les préfixes *dé-* et *pré-* (ex. : *dégeler, prévenir*) ;

— les é- initiaux (ex. : *échelon, édredon, élever*) ;

ainsi que *médecin* et *médecine*.

C2 **L'accent circonflexe disparait sur les lettres *i* et *u*** (ex. : *nous entrainons, il parait, flute, traitre*).

▸ Exceptions : le circonflexe est maintenu, pour sa fonction analogique ou distinctive,

— dans les terminaisons verbales du passé simple (ex. : *nous vîmes*, *vous lûtes*) et du subjonctif (ex. : *qu'il partît*, *qu'il eût voulu*) ;
— dans *jeûne(s)*, dans les masculins singuliers *dû*, *mûr* et *sûr*, et dans les formes de *croitre* qui, sinon, se confondraient avec celles de *croire*.

C3 **Le tréma est déplacé sur la lettre *u* qui correspond à un son dans les suites *-güe-* et *-güi-*** (ex. : *aigüe*, *ambigüe*, *ambigüité*).

- *N.B.* Afin de corriger des prononciations jugées défectueuses, le tréma est ajouté dans quelques mots (ex. : *argüer*, *gageüre*, *rongeüre*).

C4 **Pour l'accentuation** (comme pour le pluriel et la soudure), **les mots empruntés suivent la règle des mots français** (ex. : *révolver*, *vadémécum*).

D *Simplification des consonnes doubles*

D1 **Les formes conjuguées des verbes en *-eler* ou *-eter* s'écrivent avec un accent grave et une consonne simple devant une syllabe contenant un e instable (dit « e muet »). Les dérivés en *-ment* de ces verbes suivent la même règle** (ex. : *il détèle* sur le modèle de *il pèle*, *il étiquètera* sur le modèle de *il achètera* ; *nivèlement*, *renouvèlement*).

- Exceptions : *appeler*, *jeter* et leurs composés (y compris *interpeler*), bien implantés dans l'usage.

D2 **Une consonne qui suit un e instable (dit « e muet ») est simple :** on écrit *lunette/lunetier*, *dentelle/dentelier*, *dentelière*, *prunelle/prunelier*, sur le modèle des séries *noisette/noisetier*, *chamelle/chamelier*. De même : *interpeler*, *nous interpelons*, etc.

D3 **Les mots anciennement en *-olle* et les verbes anciennement en *-otter* s'écrivent avec une consonne simple, de même que leurs dérivés** (ex. : *girole*, *frisoter*, *frisotis*).

- Exceptions :
  — les monosyllabes *colle*, *folle*, *molle*, bien implantés dans l'usage ;
  — les mots de la même famille qu'un nom en *-otte* (ex. : *botte/botter*, *flotte/flotter*, *flottement*).

E *L'accord d'un participe passé*

Le participe passé de *laisser* suivi d'un infinitif est invariable (ex. : *les enfants que nous avons laissé partir* sur le modèle de *les enfants que nous avons fait partir*, *elle s'est laissé mourir* sur le modèle de *elle s'est fait mourir)*.

F *Anomalies*

F1 **Quelques familles sont réaccordées** (ex. : *bonhommie* comme *bonhomme*, *charriot* comme *charrue*, *chaussetrappe* comme *trappe*, *combattivité* comme *battre*, *déciller* comme *cil*, *imbécilité* comme *imbécile*, *innommé* comme *nommé*, *persiffler* comme *siffler*, *prudhommie* comme *homme*, *ventail* comme *vent*).

F2 **Quelques anomalies sont supprimées** (ex. : les participes passés *absout* et *dissout*, *assoir*, *douçâtre*, *exéma* comme *examen*, *levreau* comme *agneau*, *nénufar*, *ognon* comme *pognon*, *relai* comme *balai*, *saccarine*, *tocade*).

F3 **Un accent est ajouté dans quelques mots où il avait été omis ou dont la prononciation a changé** (ex. : *bésicles*).

F4 **La finale *-illier* est remplacée par la finale *-iller* lorsque le *i* qui suit les deux *l* ne s'entend pas** (ex. : *quincailler*, *serpillère*).

- *N.B.* On conserve toutefois le suffixe *-ier* dans les noms d'arbres et de végétaux (ex. : *groseillier*).

G *Recommandations générales*

D'une manière générale, il est recommandé aux auteurs de dictionnaires et aux créateurs de mots

G1 de privilégier la graphie la plus simple lorsque plusieurs formes sont en usage : la graphie sans accent circonflexe (ex. : *allo*), la forme en *n* simple, le pluriel régulier, etc. ;

G2 de franciser, dans la mesure du possible, les mots empruntés, en les adaptant au système graphique du français (ex. : *débatteur*, *musli*), et de donner la préférence, lorsque plusieurs formes existent, à celle qui est la plus proche du français (ex. : *paélia*, *taliatelle*) ;

G3 de préférer, pour l'écriture de mots nouveaux dérivés de noms en *-an*, le *n* simple, et, pour les dérivés de noms en *-on*, le *n* simple devant *i*, *o*, *a* (ex. : *-onologie*, *-onaire*, *-onalisme*, *-onite* [ex. : *réunionite*]).

Liste des abréviations utilisées dans la liste

adj	adjectif	*n*	nom	*pl*	pluriel
adv	adverbe	*nf*	nom féminin	*v*	verbe
loc	locution	*nm*	nom masculin		

Orthographe recommandée

Remarques

— Les formes de haute fréquence figurent en caractères gras ; les formes de fréquence moyenne apparaissent en caractères standards ; enfin, les formes de basse fréquence se trouvent dans un corps plus petit.

— L'usage du trait d'union dans les nombres (règle A6) et l'accord du participe passé de *laisser* suivi de l'infinitif (règle E), qui ne relèvent pas de l'orthographe lexicale, n'apparaissent pas dans cette liste.

— L'usage étant flottant pour le féminin des anglicismes et assimilés en *-eur* désignant une personne, seule la forme du masculin a été retenue. Toutefois, lorsque la forme du féminin est bien implantée (car le dérivé est formé à partir d'un verbe ou d'un nom), elle est mentionnée.

A

abaisse-langue *nm*, des abaisse-langues, B1
abat-feuille *nm*, des abat-feuilles, B1
abat-foin *nm*, des abat-foins, B1
abat-jour *nm*, des abat-jours, B1
abat-son *nm*, des abat-sons, B1
abat-vent *nm*, des abat-vents, B1
abcéder *v*, il abcèdera, il abcèderait, C1
abécher *v*, il abèchera, il abècherait, C1
abime *nm*, C2
abimé, ée *adj*, C2
abimer *v*, C2
abrègement *nm*, C1
abréger *v*, il abrègera, il abrègerait, C1
absoudre *v*, absout, absoute *pp*, F2
à capella *loc adj*, *loc adv*, C4, G2
accéder *v*, il accèdera, il accèderait, C1
accélérando *adv*, *nm*, des accélérandos, B2, C4
accélérer *v*, il accélèrera, il accélèrerait, C1
accroche-cœur *nm*, des accroche-cœurs, B1
accroche-plat *nm*, des accroche-plats, B1
accroitre *v*, il accroit, il accroitra, il accroitrait, C2
acérer *v*, il acèrera, il acèrerait, C1
acétobacter *nm*, des acétobacters, B2
aciérer *v*, il acièrera, il acièrerait, C1
acinus *nm*, des acinus, B2
à contrario *loc adv*, C4
acuponcteur, trice *n*, G2
acuponcture *nf*, G2
adagio *nm*, des adagios, B2
addenda *nm*, des addendas, B2
adhérer *v*, il adhèrera, il adhèrerait, C1
adiposogénital, ale *adj*, A3
adultérer *v*, il adultèrera, il adultèrerait, C1
aérer *v*, il aèrera, il aèrerait, C1
aéroclub *nm*, A3
aéroélectrique *adj*, A3
afférer *v*, il affèrera, il affèrerait, C1
affèterie *nf*, C1
affréter *v*, il affrètera, il affrèterait, C1
affut *nm*, C2
affutage *nm*, C2
affuté, ée *adj*, C2
affuter *v*, C2
affuteur, euse *n*, C2
affutiaux *nm pl*, C2
à fortiori *loc adv*, C4
aga *nm*, G2
agglomérer *v*, il agglomèrera, il agglomèrerait, C1
agneler *v*, elle agnèle, elle agnèlera, elle agnèlerait, D1
agréger *v*, il agrègera, il agrègerait, C1

agroalimentaire *adj, nm*, A3
aide-mémoire *nm*, des aide-mémoires, B1
aigu, aigüe *adj*, C3
aiguiller *nm*, F4
aiguilleter *v*, il aiguillète, il aiguillètera, il aiguillèterait, D1
aimer *v*, aimè-je, C1
ainé, ée *adj, n*, C2
ainesse *nf*, C2
aitres *nm pl*, C2
à latéré *adj, loc adv*, C4
alcalinoterreux, euse *adj*, A3
aléser *v*, il alèsera, il alèserait, C1
aliéner *v*, il aliènera, il aliènerait, C1
allécher *v*, il allèchera, il allècherait, C1
allègement *nm*, C1
alléger *v*, il allègera, il allègerait, C1
allègrement *adv*, C1
allégretto *adv, nm*, des allégrettos, B2, C4
allégro *adv, nm*, des allégros, B2, C4
alléguer *v*, il allèguera, il allèguerait, C1
allo *interj*, G1
allume-cigare *nm*, des allume-cigares, B1
allume-feu *nm*, des allume-feux, B1
alpha *nm*, des alphas, B2
altérer *v*, il altèrera, il altèrerait, C1
ambigu, ambigüe *adj*, C3
ambigüité *nf*, C3
à minima *adj, loc adv*, C4
amoncèlement *nm*, D1
amonceler *v*, il amoncèle, il amoncèlera, il amoncèlerait, D1
ampèreheure *nm*, des ampèreheures, A3
amuse-gueule *nm*, des amuse-gueules, B1
ana *nm*, des anas, B2
anarchosyndicalisme *nm*, A3
angstrœm *nm*, G2
anhéler *v*, il anhèlera, il anhèlerait, C1
anneler *v*, il annèle, il annèlera, il annèlerait, D1
antiâge *adj*, A3
aout *nm*, C2
aoutage *nm*, C2
aoutat *nm*, C2
aoutement *nm*, C2
aouter *v*, C2
aouteron *nm*, C2
aoutien, enne *n*, C2
à pari *adj, loc adv*, C4
à-pic *nm*, des à-pics, B1
à postériori *loc adv*, C4
apparaitre *v*, il apparait, il apparaitra, il apparaitrait, C2
apparatchik *nm*, des apparatchiks, B2
[appas *nm pl*] *voir* appâts
appâts *nm pl*, *anciennement* appas, F2
appéter *v*, il appètera, il appèterait, C1
appuie-livre *nm*, des appuie-livres, B1
appuie-main *nm*, des appuie-mains, B1
appuie-nuque *nm*, des appuie-nuques, B1
appuie-tête *nm*, des appuie-têtes, B1
après-diner *nm*, des après-diners, B1, C2
après-midi *n*, des après-midis, B1
après-rasage *nm*, des après-rasages, B1
après-ski *nm*, des après-skis, B1
après-soleil *nm*, des après-soleils, B1
après-vente *adj*, après-ventes, B1
à priori *loc adv*, C4
apriori *nm*, des aprioris, A4, B2
aquavit *nm*, G2
arborétum *nm*, des arborétums, B2, C4
arcboutant *nm*, des arcboutants, A5
arcbouter, arcbouter (s') *v*, A5
arcdoubleau *nm*, A5
aréner *v*, il arènera, il arènerait, C1
argüer *v*, C3
arioso *nm*, des ariosos, B2
arole *n*, D3
arpéger *v*, il arpègera, il arpègerait, C1
arrachepied (d') *loc adv*, A5
arrache-racine *nm*, des arrache-racines, B1
arrête-bœuf *nm*, des arrête-bœufs, B1
arrière-gout *nm*, C2
arriérer *v*, il arrièrera, il arrièrerait, C1
artéfact *nm*, C4
ashkénaze *n*, des ashkénazes, B2
assèchement *nm*, C1
assécher *v*, il assèchera, il assècherait, C1
asséner *v*, il assènera, il assènerait, C1, F3
[asseoir *v*] *voir* assoir
assidument *adv*, C2
assiéger *v*, il assiègera, il assiègerait, C1
assoir *v*, *anciennement* asseoir, F2
asti *nm*, des astis, B2
à tempéra *adj, loc adv*, C4

atteler *v*, il attèle, il attèlera, il attèlerait, D1
attrape-mouche *nm*, des attrape-mouches, B1
attrape-nigaud *nm*, des attrape-nigauds, B1
attrapetout *adj*, attrapetouts, A5
audimat *nm*, des audimats, G1
audimutité *nf*, A3
audiovisuel *nm*, A3
audiovisuel, elle *adj*, A3
auroch *nm*, des aurochs, B2
autoaccusation *nf*, A3
autoadhésif, ive *adj*, A3
autoalarme *nf*, A3
autoallumage *nm*, A3
autoamorçage *nm*, A3
autocouchette *nf*, A3
autoécole *nf*, A3
autoérotique *adj*, A3
autoérotisme *nm*, A3
autoexcitateur *nm*, A3
autostop *nm*, A3
autostoppeur, euse *n*, A3
autovaccin *nm*, A3
avaletout *n*, des avaletouts, A5
avant-gout *nm*, C2
avant-midi *n*, des avant-midis, B1
avérer (s') *v*, il s'avèrera, il s'avèrerait, C1
avoir *v*, eussè-je, C1
azuléjo *nm*, C4

B

baby *nm*, des babys, B2
babyboum *nm*, A4, G2
babyfoot *nm*, des babyfoots, A4, B2
babysitteur *n*, A4, G2
babysitting *nm*, A4
bachibouzouk *nm*, A4
bakchich *nm*, des bakchichs, B2
ballotage *nm*, D3
ballotement *nm*, D3
balloter *v*, D3
balltrap *nm*, A4
banqueter *v*, il banquète, il banquètera, il banquèterait, D1
barcarole *nf*, D3
baréter *v*, il barètera, il barèterait, C1
barman *nm*, des barmans, B2
barquerole *nf*, D3
baseball *nm*, A4
basfond *nm*, A5
basketball *nm*, A4
bassecontre *nf*, A5
bassecour *nf*, des bassecours, A5
bassecourier, ère *n*, A5
bassedanse *nf*, A5
bassefosse *nf*, A5
basselisse *nf*, A5
basselissier, ère *adj*, A5
bassetaille *nf*, A5
bassseville *nf*, A5
bateler *v*, il batèle, il batèlera, il batèlerait, D1
bat-flanc *nm*, des bat-flancs, B1
bêcheveter *v*, il bêchevète, il bêchevètera, il bêchevèterait, D1
becqueter *v*, il becquète, il becquètera, il becquèterait, D1 *ou* bèqueter *v*, il béquète, il béquètera, il béquèterait, C1, D1
bégu, bégüe *adj*, C3
belcanto *nm*, des belcantos, B2
bélitre *nm*, C2, F3
béluga *nm*, C4
benoit, oite *adj*, C2
benoite *nf*, C2
benoitement *adv*, C2
besaigüe *nf*, C3
bésicles *nf pl*, F3
bestseller *nm*, A4
bêta *nm*, des bêtas, B2
bienaimé, ée *adj*, *n*, A5
bienêtre *nm*, A5
bienfondé *nm*, A5
bienfonds *nm*, A5
bienjugé *nm*, A5
bienpensant, ante *adj*, *n*, A5
bigbang *nm*, des bigbangs, A4, B2
biodiésel *nm*, C4
biqueter *v*, elle biquète, elle biquètera, elle biquèterait, D1
bisaigüe *nf*, C3

bizut *nm*, F2
blabla, blablabla *nm*, A4
blablater *v*, A4
blackout *nm*, des blackouts, A4, B2
blasphémer *v*, il blasphèmera, il blasphèmerait, C1
blatérer *v*, il blatèrera, il blatèrerait, C1
blédard *nm*, C4
bléser *v*, il blèsera, il blèserait, C1
bluejean *nm*, des bluejeans, A4, B2
bodhisattva *nm*, des bodhisattvas, B2
body *nm*, des bodys, B2
bogie *nm*, G2
boite *nf*, C2
boitier *nm*, C2
bolchévique *adj*, *n*, C4
bolchévisme *nm*, C4
bolchéviste *n*, C4
bonhommie *nf*, F1
bonneter *v*, il bonnète, il bonnètera, il bonnèterait, D1
bonnèterie *nf*, F3
bookmakeur *n*, G2
[boom *nm*] *voir* boum
bortch *nm*, G2
boscop *nf*, G2
boss *n*, des boss, B2
bossanova *nf*, des bossanovas, B2
bossèlement *nm*, D1
bosseler *v*, il bossèle, il bossèlera, il bossèlerait, D1
botteler *v*, il bottèle, il bottèlera, il bottèlerait, D1
bouche-pore *nm*, des bouche-pores, B1
bouiboui *nm*, des bouibouis, A4
bouloter *v*, D3
boum *nm*, *anciennement* boom, G2
bourrèlement *nm*, D1
bourreler *v*, il bourrèle, il bourrèlera, il bourrèlerait, D1
boursoufflage *nm*, F1
boursoufflé, ée *adj*, F1
boursoufflement *nm*, F1
boursouffler *v*, F1
boursoufflure *nf*, F1
boutéfas *nm*, C4
boutentrain *nm*, des boutentrains, A5
bouterole *nf*, D3
bouteselle *nm*, des bouteselles, A5
bouveter *v*, il bouvète, il bouvètera, il bouvèterait, D1
box *nm*, des box, B2
boyscout *nm*, A4
braintrust *nm*, A4
branlebas *nm*, A5
braséro *nm*, C4
bravo *nm*, des bravos, B2
brèche-dent *nm*, des brèche-dents, B1
bréler *v*, il brèlera, il brèlerait, C1
bretteler *v*, il brettèle, il brettèlera, il brettèlerait, D1
breveter *v*, il brevète, il brevètera, il brevèterait, D1
briqueter *v*, il briquète, il briquètera, il briquèterait, D1
briquèterie *nf*, F3
brise-béton *nm*, des brise-bétons, B1
brise-bise *nm*, des brise-bises, B1
brise-copeau *nm*, des brise-copeaux, B1
brise-fer *nm*, des brise-fers, B1
brise-glace *nm*, des brise-glaces, B1
brise-jet *nm*, des brise-jets, B1
brise-lame *nm*, des brise-lames, B1
brise-mariage *nm*, des brise-mariages, B1
brise-mèche *nm*, des brise-mèches, B1
brise-motte *nm*, des brise-mottes, B1
brise-soleil *nm*, des brise-soleils, B1
brisetout *nm*, des brisetouts, A5
brise-vent *nm*, des brise-vents, B1
brocheter *v*, il brochète, il brochètera, il brochèterait, D1
bronchopneumonie *nf*, A3
brulage *nm*, C2
brulant, ante *adj*, C2
brulé *nm*, C2
brulé, ée *adj*, C2
brule-bout *nm*, des brule-bouts, B1, C2
brule-gueule *nm*, des brule-gueules, B1, C2
brulement *nm*, C2
brule-parfum *nm*, des brule-parfums, B1, C2
brule-pourpoint (à) *loc adv*, C2
bruler *v*, C2
brulerie *nf*, C2

bruleur *nm*, C2
brulis *nm*, C2
bruloir *nm*, C2
brulot *nm*, C2
brulure *nf*, C2
buccodentaire *adj*, A3
buccogénital, ale *adj*, A3
buche *nf*, C2
bucher *nm*, C2
bucher *v*, C2
bucheron, onne *n*, C2
buchette *nf*, C2
bucheur, euse *n*, C2
buffeter *v*, il buffète, il buffètera, il buffèterait, D1
bufflèterie *nf*, F3
bulldozeur *nm*, G2

C

cacahouète *nf*, G2
cache-brassière *nm*, des cache-brassières, B1
cachecache *nm*, des cachecaches, A4
cache-cœur *nm*, des cache-cœurs, B1
cache-col *nm*, des cache-cols, B1
cache-corset *nm*, des cache-corsets, B1
cache-entrée *nm*, des cache-entrées, B1
cache-flamme *nm*, des cache-flammes, B1
cache-misère *nm*, des cache-misères, B1
cache-museau *nm*, des cache-museaux, B1
cache-pot *nm*, des cache-pots, B1
cache-poussière *nm*, des cache-poussières, B1
cache-prise *nm*, des cache-prises, B1
cache-radiateur *nm*, des cache-radiateurs, B1
cache-sexe *nm*, des cache-sexes, B1
cache-tampon *nm*, des cache-tampons, B1
cacheter *v*, il cachète, il cachètera, il cachèterait, D1
cachoterie *nf*, D3
cachotier, ère *n*, D3
cafétéria *nf*, des cafétérias, B2, C4
cahincaha *adv*, A4
cahutte *nf*, F1
caille-lait *nm*, des caille-laits, B1
cailleter *v*, il caillète, il caillètera, il caillèterait, D1
cale-pied *nm*, des cale-pieds, B1
callgirl *nf*, A4
calo *nm*, G2
caméraman *nm*, des caméramans, B2, C4
canada *nf*, des canadas, B2
candéla *nf*, C4
canneler *v*, il cannèle, il cannèlera, il cannèlerait, D1
cannelloni *nm*, des cannellonis, B2
canyon *nm*, G2
canzone *nf*, des canzones, B2
capeler *v*, il capèle, il capèlera, il capèlerait, D1
capte-suie *nm*, des capte-suies, B1
caqueter *v*, il caquète, il caquètera, il caquèterait, D1
carbono *nm*, des carbonos, B2
cardiovasculaire *adj*, A3
caréner *v*, il carènera, il carènerait, C1
carreler *v*, il carrèle, il carrèlera, il carrèlerait, D1
casher *adj*, cashers, B2
casse-cou *nm*, des casse-cous, B1
casse-croute *nm*, des casse-croutes, B1, C2
casse-cul *adj, n*, des casse-culs, B1
casse-dalle *nm*, des casse-dalles, B1
casse-graine *nm*, des casse-graines, B1
casse-gueule *adj, n*, des casse-gueules, B1
casse-noisette *nm*, des casse-noisettes, B1
casse-patte *nm*, des casse-pattes, B1
casse-pied *adj, n*, des casse-pieds, B1
casse-pierre *nm*, des casse-pierres, B1
casse-pipe *nm*, des casse-pipes, B1
casse-tête *nm*, des casse-têtes, B1
cassetout *n*, des cassetouts, A5
céder *v*, il cèdera, il cèderait, C1
cèdrela *nm*, C1
célébrer *v*, il célèbrera, il célèbrerait, C1
cèleri *nm*, C1
céphalorachidien, enne *adj*, A3
cérébrospinal, ale *adj*, A3
chachacha *nm*, A4
chah « ancien souverain d'Iran » *nm*, G2
chainage *nm*, C2
chaine *nf*, C2

chainer *v*, C2
chainetier, ère *n*, C2
chainette *nf*, C2
chaineur, euse *n*, C2
chainier, ère *n*, C2
chainiste, *n*, C2
chainon *nm*, C2
chalenge *nm*, G2
chalengeur, euse *n*, G2
chancèlement *nm*, D1
chanceler *v*, il chancèle, il chancèlera, il chancèlerait, D1
chantoung *nm*, G2
chapeler *v*, il chapèle, il chapèlera, il chapèlerait, D1
charriot *nm*, F1
charriotage *nm*, F1
charriotée *nf*, F1
charrioter *v*, F1
chasse-clou *nm*, des chasse-clous, B1
chasse-marée *nm*, des chasse-marées, B1
chasse-mouche *nm*, des chasse-mouches, B1
chasse-neige *nm*, des chasse-neiges, B1
chasse-pierre *nm*, des chasse-pierres, B1
chasse-rivet *nm*, des chasse-rivets, B1
chasse-roue *nm*, des chasse-roues, B1
chasse-vase *nm*, des chasse-vases, B1
chauffe-assiette *nm*, des chauffe-assiettes, B1
chauffe-bain *nm*, des chauffe-bains, B1
chauffe-biberon *nm*, des chauffe-biberons, B1
chauffe-eau *nm*, des chauffe-eaux, B1
chauffe-lit *nm*, des chauffe-lits, C1
chauffe-mout *nm*, des chauffe-mouts, B1, C2
chauffe-pied *nm*, des chauffe-pieds, C1
chauffe-plat *nm*, des chauffe-plats, C1
chaussepied *nm*, A5
chaussetrappe *nf*, A5, F1
chauvesouris *nf*, A5
chéchia *nf*, C4
checkup *nm*, des checkups, A4, B2
chérer *v*, il chèrera, il chèrerait, C1
cherry *nm*, des cherrys, B2
chèvrepied *nm*, A5
chevreter *v*, elle chevrète, elle chevrètera, elle chevrèterait, D1
chichekébab *nm*, des chichekébabs, A4, B2, C4
chiqueter *v*, il chiquète, il chiquètera, il chiquèterait, D1
chistéra *n*, C4
chlamydia *nf*, des chlamydias, B2
chlasse *adj*, G2
chlinguer *v*, G2
chnoque *adj*, *n*, G2
chowchow *nm*, des chowchows, A4
chronométrer *v*, il chronomètrera, il chronomètrerait, C1
[ciao *interj*] *voir* tchao
cicérone *n*, C4
ci-git *loc verb*, C2
cigüe *nf*, C3
cinéclub *nm*, A3
cinéparc *nm*, A3
cinéroman *nm*, A3
cinéshop *nm*, A3
cinétir *nm*, A3
cirrocumulus *nm*, A3
cirrostratus *nm*, A3
cisèlement *nm*, D1
ciseler *v*, il cisèle, il cisèlera, il cisèlerait, D1
clairevoie *nf*, A5
claqueter *v*, il claquète, il claquètera, il claquèterait, D1
claveter *v*, il clavète, il clavètera, il clavèterait, D1
cleptomane *adj*, *n*, G2
cleptomanie *nf*, G2
clergyman *nm*, des clergymans, B2
clinorhombique *adj*, A3
cliquètement *nm*, D1
cliqueter *v*, il cliquète, il cliquètera, il cliquèterait, D1
clochepied (à) *loc adv*, A5
cloitre *nm*, C2
cloitrer *v*, C2
clopinclopant *adv*, A5
coagulum *nm*, des coagulums, B2
coccus *nm*, des coccus, B2
cocoter *v*, D3
cogérer *v*, il cogèrera, il cogèrerait, C1
coincoin *nm*, des coincoins, A4
cola *n*, G2

colbac *nm*, G2
colleter (se) *v*, il se collète, il se collètera, il se collèterait, D1
columbarium *nm*, des columbariums, B2
combattif, ive *adj*, F1
combattivité *nf*, F1
commérer *v*, il commèrera, il commèrerait, C1
comparaitre *v*, il comparait, il comparaitra, il comparaitrait, C2
compéter *v*, il compètera, il compèterait, C1
complaire *v*, il complait, C2
complètement *nm*, C1
compléter *v*, il complètera, il complèterait, C1
compte-fil *nm*, des compte-fils, B1
compte-goutte *nm*, des compte-gouttes, B1
compte-minute *nm*, des compte-minutes, B1
compte-tour *nm*, des compte-tours, B1
concéder *v*, il concèdera, il concèderait, C1
concélébrer *v*, il concélèbrera, il concélèbrerait, C1
concetti *nm*, des concettis, B2
concréter *v*, il concrètera, il concrèterait, C1
condottière *nm*, des condottières, B2, C4
confédérer *v*, il confédèrera, il confédèrerait, C1
conférer *v*, il confèrera, il confèrerait, C1
conglomérer *v*, il conglomèrera, il conglomèrerait, C1
congrument *adv*, C2
connaitre v, il connait, il connaitra, il connaitrait, C2
conquistador *nm*, des conquistadors, B2
considérer *v*, il considèrera, il considèrerait, C1
contigu, contigüe *adj*, C3
contigüité *nf*, C3
continument *adv*, C2
contralizé *nm*, A1
contrallée *nf*, A1
contramiral, ale *n*, A1
contrapontiste *n*, G2
contrappel *nm*, A1
contrarc *nm*, A1
contrassurance *nf*, A1
contrattaque *nf*, A1
contrattaquer *v*, A1
contrebraquer *v*, A1
contrechant *nm*, A1
contrechoc *nm*, A1
contrecourant *nm*, A1
contrecourbe *nf*, A1
contrécrou *nm*, A1
contreculture *nf*, A1
contredénonciation *nf*, A1
contredigue *nf*, A1
contrefenêtre *nf*, A1
contrefer *nm*, A1
contrefeu *nm*, A1
contrefiche *nf*, A1
contrefil nm, A1
contrefilet *nm*, A1
contrefugue *nf*, A1
contrehaut (en) *loc adv*, A1
contrehermine *nf*, A1
contrehus *nm*, A1
contrejambage *nm*, A1
contrejour *nm*, A1
contrelame *nf*, A1
contrélectromoteur, trice *adj*, A1
contrelettre *nf*, A1
contrelignage *nm*, A1
contremaitre *n*, A1, C2
contremanifestant, ante *n*, A1
contremanifestation *nf*, A1
contremanifester *v*, A1
contremesure *nf*, A1
contremine *nf*, A1
contreminer *v*, A1
contremploi *nm*, A1
contrempreinte *nf*, A1
contremur *nm*, A1
contrenquête *nf*, A1
contrepal *nm*, A1
contrepas *nm*, A1
contrepasser *v*, A1
contrépaulette *nf*, A1
contrepente *nf*, A1
contreperçage *nm*, A1
contrepercer *v*, A1
contreperformance *nf*, A1
contrepied *nm*, A1
contreplacage *nm*, A1
contreplaqué *nm*, A1

contreplaquer *v*, A1
contreplongée *nf*, A1
contrepoint *nm*, A1
contrepointe *nf*, A1
contreporte *nf*, A1
contrepousser (se) *v*, A1
contrepouvoir *nm*, A1
contrepréparation *nf*, A1
contrepression *nf*, A1
contreprestation *nf*, A1
contrépreuve *nf*, A1
contreproductif, ive *adj*, A1
contreprofil *nm*, A1
contreprofiler *v*, A1
contreprojet *nm*, A1
contrepropagande *nf*, A1
contreproposition *nf*, A1
contrepublicité *nf*, A1
contrerail *nm*, A1
contreréforme *nf*, A1
contrerejet *nm*, A1
contrerévolution *nf*, A1
contrerévolutionnaire *adj*, A1
contresel *nm*, A1
contresociété *nf*, A1
contrespalier *nm*, A1
contrespionnage *nm*, A1
contressai *nm*, A1
contresujet *nm*, A1
contretaille *nf*, A1
contreterrorisme *nm*, A1
contreterroriste *adj*, *n*, A1
contretimbre *nm*, A1
contretorpilleur *nm*, A1
contretransfert *nm*, A1
contrevair *nm*, A1
contrevaleur *nf*, A1
contrevérité *nf*, A1
contrevisite *nf*, A1
contrevoie (à) *loc adv*, A1
contrexemple *nm*, A1
contrexpertise *nf*, A1
contrextension *nf*, A1
contrindication *nf*, A1
contrindiqué, ée *adj*, A1
contrindiquer *v*, A1
contrinterrogatoire *nm*, A1
controffensive *nf*, A1
coopérer *v*, il coopèrera,
il coopèrerait, C1
coposséder *v*, il copossèdera,
il copossèderait, C1
coqueter *v*, il coquète, il coquètera,
il coquèterait, D1
coquiller, ère *adj*, F4
cordeler *v*, il cordèle, il cordèlera,
il cordèlerait, D1
cornflake *nm*, des cornflakes, A4, B2, G2
corolaire *nm*, D3
corole *nf*, D3
corréler *v*, il corrèlera, il corrèlerait, C1
corseter *v*, il corsète, il corsètera,
il corsèterait, D1
corticosurrénal, ale *adj*, A3
corticosurrénale *nf*, A3
coucicouça *adv*, A4
cougouar *nm*, G2
coupe-batterie *nm*, des coupe-batteries, B1
coupe-chou *nm*, des coupe-choux, B1
coupe-cigare *nm*, des coupe-cigares, B1
coupe-circuit *nm*, des coupe-circuits, B1
coupecoupe *nm*, des coupecoupes, A5
coupe-faim *nm*, des coupe-faims, B1
coupe-feu *nm*, des coupe-feux, B1
coupe-file *nm*, des coupe-files, B1
coupe-gorge *nm*, des coupe-gorges, B1
coupe-jambon *nm*, des coupe-jambons, B1
coupe-jarret *nm*, des coupe-jarrets, B1
coupe-légume *nm*, des coupe-légumes, B1
coupe-motte *nm*, des coupe-mottes, B1
coupe-ongle *nm*, des coupe-ongles, B1
coupe-papier *nm*, des coupe-papiers, B1
coupe-pâte *nm*, des coupe-pâtes, B1
coupe-racine *nm*, des coupe-racines, B1
coupe-vent *nm*, des coupe-vents, B1
cout *nm*, C2
coutant, ante *adj*, C2
couter *v*, C2
couteusement *adv*, C2
couteux, euse *adj*, C2
couvrepied *nm*, des couvrepieds, A5
covergirl *nf*, A4
cowboy *nm*, A4
craquèlement *nm*, D1
craqueler *v*, il craquèle, il craquèlera,
il craquèlerait, D1

craquètement *nm*, D1
craqueter *v*, il craquète, il craquètera, il craquèterait, D1
crècerelle *nf*, C1
crécher *v*, il crèchera, il crècherait, C1
crédo *nm*, des crédos, B2, C4
crémer *v*, il crèmera, il crèmerait, C1
crèmerie *nf*, C1
crènelage *nm*, C1
crènelé, ée *adj*, C1
crèneler *v*, il crénèle, il crénèlera, il crénèlerait, C1, D1
crènelure *nf*, D1
créner *v*, il crènera, il crènerait, C1
crescendo *nm*, des crescendos, B2
crételer *v*, elle crétèle, elle crétèlera, elle crétèlerait, D1
crève-cœur *nm*, des crève-cœurs, B1
crève-tonneau *nm*, des crève-tonneaux, B1
crève-vessie *nm*, des crève-vessies, B1
cricri *nm*, des cricris, A4
critérium *nm*, des critériums, B2, C4
crochepied *nm*, A5
crocheter *v*, il crochète, il crochètera, il crochèterait, D1
croit *nm*, C2
croitre *v*, il croitra, il croitrait, C2
crole *nf*, D3
crooneur *n*, G2
croquemadame *nm*, des croquemadames, A5
croquemitaine *nm*, A5
croquemonsieur *nm*, des croquemonsieurs, A5
croquemort *nm*, A5
croquenote *n*, A5
crosscountry *nm*, des crosscountrys, A4, B2
croute *nf*, C2
crouter *v*, C2
crouteux, euse *adj*, C2
crouton *nm*, C2
crument *adv*, C2
cuicui *interj*, *nm*, des cuicuis, A4
cuisseau *nm*, *anciennement* cuissot, F2
[cuissot *nm*] *voir* cuisseau
cumulonimbus *nm*, A3
cumulostratus *nm*, A3
cumulovolcan *nm*, A3
cure-dent *nm*, des cure-dents, B1
cure-ongle *nm*, des cure-ongles, B1
cure-oreille *nm*, des cure-oreilles, B1
cure-pipe *nm*, des cure-pipes, B1
cureter *v*, il curète, il curètera, il curèterait, D1
curriculum *nm*, des curriculums, B2
curriculum vitæ *nm*, des curriculums vitæ, B2
cutiréaction *nf*, A3
cutteur *nm*, G2
cuvèlement *nm*, D1
cuveler *v*, il cuvèle, il cuvèlera, il cuvèlerait, D1
cyclocross *nm*, A4, B2
cyclopousse *nm*, des cyclopousses, A5

D

dandy *nm*, des dandys, B2
dansoter *v*, D3
daredare *loc adv*, A4
dealeur, euse *n*, G2
débatteur, euse *n*, G2
débèqueter *v*, il débéquète, il débéquètera, il débéquèterait, C1, D1
déblatérer *v*, il déblatèrera, il déblatèrerait, C1
déboitement *nm*, C2
déboiter *v*, C2
débosseler *v*, il débossèle, il débossèlera, il débossèlerait, D1
décacheter *v*, il décachète, il décachètera, il décachèterait, D1
décapeler *v*, il décapèle, il décapèlera, il décapèlerait, D1
décarreler *v*, il décarrèle, il décarrèlera, il décarrèlerait, D1
décéder *v*, il décèdera, il décèderait, C1
décélérer *v*, il décélèrera, il décélèrerait, C1
décérébrer *v*, il décérèbrera, il décérèbrerait, C1
décerveler *v*, il décervèle, il décervèlera, il décervèlerait, D1
déchainé, ée *adj*, C2
déchainement *nm*, C2
déchainer *v*, C2
déchèterie *nf*, C1

décheveler *v*, il déchevèle, il déchevèlera, il déchevèlerait, D1
déchiqueter *v*, il déchiquète, il déchiquètera, il déchiquèterait, D1
déciller *v*, *anciennement* dessiller, F1
déclaveter *v*, il déclavète, il déclavètera, il déclavèterait, D1
décliqueter *v*, il décliquète, il décliquètera, il décliquèterait, D1
décolérer *v*, il décolèrera, il décolèrerait, C1
décolleter *v*, il décollète, il décollètera, il décollèterait, D1
déconsidérer *v*, il déconsidèrera, il déconsidèrerait, C1
décrescendo *adv, nm*,des décrescendos, B2, C4
décréter *v*, il décrètera, il décrèterait, C1
décroit *nm*, C2
décroitre *v*, il décroit, il décroitra, il décroitrait, C2
décrouter *v*, C2
déféquer *v*, il défèquera, il défèquerait, C1
déférer *v*, il défèrera, il défèrerait, C1
déficeler *v*, il déficèle, il déficèlera, il déficèlerait, D1
défraichi, ie *adj*, C2
défraichir *v*, C2
dégénérer *v*, il dégénèrera, il dégénèrerait, C1
dégiter *v*, C2
dégoter *v*, D3
dégout *nm*, C2
dégoutamment *adv*, C2
dégoutant, ante *adj*, C2
dégoutation *nf*, C2
dégouté, ée *adj*, C2
dégouter *v*, C2
dégraveler *v*, il dégravèle, il dégravèlera, il dégravèlerait, D1
déléatur *nm*, des déléaturs, B2
déléguer *v*, il délèguera, il délèguerait, C1
délibérer *v*, il délibèrera, il délibèrerait, C1
délirium trémens *nm*, des déliriums trémens, B2, C4
delta « lettre » *nm*, des deltas, B2
démiurge *nm*, C4
démoucheter *v*, il démouchète, il démouchètera, il démouchèterait, D1
démuseler *v*, il démusèle, il démusèlera, il démusèlerait, D1
dénivèlement *nm*, D1
déniveler *v*, il dénivèle, il dénivèlera, il dénivèlerait, D1
denteler *v*, il dentèle, il dentèlera, il dentèlerait, D1
dentelier, ère *adj, n*, D2
dépaqueter *v*, il dépaquète, il dépaquètera, il dépaquèterait, D1
déplaire *v*, il déplait, C2
déposséder *v*, il dépossèdera, il dépossèderait, C1
dépoussiérer *v*, il dépoussièrera, il dépoussièrerait, C1
dépuceler *v*, il dépucèle, il dépucèlera, il dépucèlerait, D1
déréglementation *nf*, C1
déréglementer *v*, C1
dérégler *v*, il dérèglera, il dérèglerait, C1
dériveter *v*, il dérivète, il dérivètera, il dérivèterait, D1
dermoponcture *nf*, A3, G2
désaciérer *v*, il désacièrera, il désacièrerait, C1
désaérer *v*, il désaèrera, il désaèrerait, C1
désagréger *v*, il désagrègera, il désagrègerait, C1
désaliéner *v*, il désaliènera, il désaliènerait, C1
désaltérer *v*, il désaltèrera, il désaltèrerait, C1
désambigüiser *v*, C3
désenchainer *v*, C2
désensorceler *v*, il désensorcèle, il désensorcèlera, il désensorcèlerait, D1
désespérer *v*, il désespèrera, il désespèrerait, C1
déshydrogéner *v*, il déshydrogènera, il déshydrogènerait, C1
déshypothéquer *v*, il déshypothèquera, il déshypothèquerait, C1
désidérata *nm*, des désidératas, B2, C4
désintégrer *v*, il désintègrera, il désintègrerait, C1

désoxygéner *v*, il désoxygènera,
il désoxygènerait, C1
despérado *nm*, des despérados, B2, C4
dessécher *v*, il dessèchera,
il dessècherait, C1
dessemeler *v*, il dessemèle, il dessemèlera,
il dessemèlerait, D1
[dessiller *v*] *voir* déciller, F1
dessouler *v*, C2
dételer *v*, il détèle, il détèlera,
il détèlerait, D1
dévanagari *adj*, *nf*, C4
devoir *v*, dussè-je, C1
dictat *nm*, G2
diésel *nm*, C4
diéser *v*, il dièsera, il dièserait, C1
différer *v*, il diffèrera, il diffèrerait, C1
digérer *v*, il digèrera, il digèrerait, C1
dilacérer *v*, il dilacèrera, il dilacèrerait, C1
dime *nf*, C2
diminuendo *nm*, des diminuendos, B2
dinatoire *adj*, C2
dinée *nf*, C2
diner *nm*, C2
diner *v*, C2

dinette *nf*, C2
dineur, euse *n*, C2
dinghie *nm*, des dinghies, B2, G2
disaccaride *nm*, F2
**disparaitre *v*, il disparait,
il disparaitra, il disparaitrait, C2**
disséquer *v*, il dissèquera,
il dissèquerait, C1
dissoudre *v*, dissout, dissoute *pp*, F2
djébel *nm*, des djébels, B2, C4
dompte-venin *nm*, des dompte-venins, B1
donjuan *nm*, des donjuans, A4, B2
donquichotte *nm*,
des donquichottes, A4, B2
douçâtre *adj*, F2
duetto *nm*, des duettos, B2
dumdum *adj*, dumdums, A4
dument *adv*, C2
duodénum *nm*, des duodénums, B2
duplicata *nm*, des duplicatas, B2
durite *nf*, G1
dussè-je, *voir* devoir
duveter (se) *v*, il se duvète, il se duvètera,
il se duvèterait, D1
dynamoélectrique *adj*, A3

E

ébiseler *v*, il ébisèle, il ébisèlera,
il ébisèlerait, D1
ébouqueter *v*, il ébouquète, il ébouquètera,
il ébouquèterait, D1
ébrécher *v*, il ébrèchera,
il ébrècherait, C1
écheler *v*, il échèle, il échèlera, il échèlerait, D1
écheveler *v*, il échevèle, il échevèlera,
il échevèlerait, D1
écolleter *v*, il écollète, il écollètera,
il écollèterait, D1
écrémer *v*, il écrèmera, il écrèmerait, C1
écroutage *nm*, C2
écroutement *nm*, C2
écrouter *v*, C2
écrouteuse *nf*, C2
[eczéma *nm*] *voir* exéma
[eczémateux, euse *adj*] *voir* exémateux
édelweiss *nm*, C4
éfendi *nm*, G2
égo *nm*, des égos, B2, C4
électroacousticien, enne *n*, A3
électroacoustique *nf*, A3
électroaimant *nm*, A3
électroencéphalogramme *nm*, A3
électroencéphalographie *nf*, A3
électroponcture *nf*, A3, G2
embattre *v*, F1
emboitable *adj*, C2
emboitage *nm*, C2
emboitement *nm*, C2

emboiter *v*, C2
emboiture *nf*, C2
embotteler *v*, il embottèle, il embottèlera, il embottèlerait, D1
embratteler *v*, il embrattèle, il embrattèlera, il embrattèlerait, D1
embreler *v*, il embrèle, il embrèlera, il embrèlerait, D1
embuche *nf*, C2
émécher *v*, il émèchera, il émècherait, C1
emmanteler *v*, il emmantèle, il emmantèlera, il emmantèlerait, D1
emmétrer *v*, il emmètrera, il emmètrerait, C1
emmuseler *v*, il emmusèle, il emmusèlera, il emmusèlerait, D1
émoucheter *v*, il émouchète, il émouchètera, il émouchèterait, D1
empaqueter *v*, il empaquète, il empaquètera, il empaquèterait, D1
empenneler *v*, il empennèle, il empennèlera, il empennèlerait, D1
empiéger *v*, il empiègera, il empiègerait, C1
empiètement *nm*, C1
empiéter *v*, il empiètera, il empièterait, C1
emporium *nm*, des emporiums, B2
emporte-pièce *nm*, des emporte-pièces, B1
empoussiérer *v*, il empoussièrera, il empoussièrerait, C1
encas *nm*, A5
enchainement *nm*, C2
enchainer *v*, C2
enchanteler *v*, il enchantèle, il enchantèlera, il enchantèlerait, D1
encliqueter *v*, il encliquète, il encliquètera, il encliquèterait, D1
encloitrer *v*, C2
encours *nm*, A5
encroutement *nm*, C2
encrouter *v*, C2
enfaiteau *nm*, C2
enfaitement *nm*, C2
enfaiter *v*, C2
enficeler *v*, il enficèle, il enficèlera, il enficèlerait, D1
enfiévrer *v*, il enfièvrera, il enfièvrerait, C1
enflécher *v*, il enflèchera, il enflècherait, C1
enfutage *nm*, C2
enfuter *v*, C2
engrumeler *v*, il engrumèle, il engrumèlera, il engrumèlerait, D1
enjaveler *v*, il enjavèle, il enjavèlera, il enjavèlerait, D1
ensoi *nm*, A5
ensorcèlement *nm*, D1
ensorceler *v*, il ensorcèle, il ensorcèlera, il ensorcèlerait, D1
enstérer *v*, il enstèrera, il enstèrerait, C1
enténébrer *v*, il enténèbrera, il enténèbrerait, C1
entérorénal, ale *adj*, A3
entête *nm*, A5
entradmirer (s'), A1
entraimer (s'), A1
entrainable *adj*, C2
entrainant, ante *adj*, C2
entrainement *nm*, C2
entrainer *v*, C2
entraineur, euse *n*, C2
entraineuse *nf*, C2
entrapercevoir *v*, A1
entrebande *nf*, des entrebandes, A1
entredéchirer (s') *v*, A1
entredétruire (s') *v*, A1
entredeux *nm*, A1
entredévorer (s') *v*, A1
entrefrapper (s') *v*, A1
entrégorger (s') *v*, A1
entrehaïr (s') *v*, A1
entreheurter (s') *v*, A1
entrejambe *nm*, des entrejambes, A1
entreligne *nm*, des entrelignes, A1
entrelouer (s') *v*, A1
entremanger (s') *v*, A1
entrenerf *nm*, des entrenerfs, A1
entrenœud *nm*, des entrenœuds, A1
entrenuire (s') *v*, A1
entrerail *nm*, des entrerails, A1
entreregarder (s') *v*, A1
entretemps *adv*, *nm*, A1
entretisser *v*, A1
entretuer (s') *v*, A1
entrevoie *nf*, des entrevoies, A1
entrevouter *v*, C2
énumérer *v*, il énumèrera, il énumèrerait, C1

envoutant, ante *adj*, C2
envoutement *nm*, C2
envouter *v*, C2
envouteur, euse *n*, C2
épanneler *v*, il épannèle, il épannèlera, il épannèlerait, D1
épeler *v*, il épèle, il épèlera, il épèlerait, D1
épinceler *v*, il épincèle, il épincèlera, il épincèlerait, D1
épinceter *v*, il épincète, il épincètera, il épincèterait, D1
épitre *nf*, C2
épousseter *v*, il époussète, il époussètera, il époussèterait, D1
epsilon *nm*, des epsilons, B2
erg *nm*, des ergs, B2
errata *nm*, des erratas, B2
erratum *nm*, des erratums, B2
espérer *v*, il espèrera, il espèrerait, C1
essuie-glace *nm*, des essuie-glaces, B1
essuie-main *nm*, des essuie-mains, B1
essuie-meuble *nm*, des essuie-meubles, B1
essuie-pied *nm*, des essuie-pieds, B1
essuie-plume *nm*, des essuie-plumes, B1
essuietout *nm*, des essuietouts, A5
essuie-verre *nm*, des essuie-verres, B1
êta *nm*, des êtas, B2
etcétéra *nm*, des etcétéras, A4, B2, C4
étincèlement *nm*, D1
étinceler *v*, il étincèle, il étincèlera, il étincèlerait, D1
étiqueter *v*, il étiquète, il étiquètera, il étiquèterait, D1
étouffe-chrétien *nm*, des étouffe-chrétiens, B1
être *v*, fussè-je, C1
eussè-je, *voir* avoir
évènement *nm*, C1
évènementiel, elle *adj*, C1
éviscérer *v*, il éviscèrera, il éviscèrerait, C1
exagérer *v*, il exagèrera, il exagèrerait, C1
exaspérer *v*, il exaspèrera, il exaspèrerait, C1
excéder *v*, il excèdera, il excèderait, C1
excitomoteur, trice *adj*, A3
excréter *v*, il excrètera, il excrèterait, C1
exéat *nm*, des exéats, B2, C4
exécrer *v*, il exècrera, il exècrerait, C1
executema *nm*, *anciennement* eczéma, F2
exémateux, euse *adj*, *anciennement* eczémateux, F2

exéquatur *nm*, des exéquaturs, B2, C4
exhéréder *v*, il exhérèdera, il exhérèderait C1
exigu, exigüe *adj*, C3
exigüité *nf*, C3
exit *nm*, des exits, B2
exlibris *nm*, A4
exonérer *v*, il exonèrera, il exonèrerait, C1
extra *nm*, des extras, B2
extracourant *nm*, des extracourants, A2
extradry *adj*, *nm*, des extradrys, A2, B2
extrafin, ine *adj*, A2
extrafort, te *adj*, *nm*, A2
extralégal, ale *adj*, A2
extralucide *adj*, A2
extramuros *adj*, *adv*, A2
extraparlementaire *adj*, A2
extrasensible *adj*, A2
extrasensoriel, elle *adj*, A2
extraterrestre *adj*, *n*, A2
extraterritorialité *nf*, A2
extrémum *nm*, des extrémums, B2, C4
exubérer *v*, il exubèrera, il exubèrerait, C1
exulcérer *v*, il exulcèrera, il exulcèrerait, C1
exvoto *nm*, des exvotos, A4, B2

F

facsimilé *nm*, des facsimilés, A4, B2, C4
faine *nf*, C2

fairepart *nm*, des faireparts, A5
fairplay *nm*, des fairplays, A4, B2
faitage *nm*, C2
faite *nm*, C2
faiteau *nm*, C2
faitier, ère *n*, C2
faitout *nm*, des faitouts, A5
faséyer v, il fasèyera, il fasèyerait, C1
fastfood *nm*, A4
fatma *nf*, des fatmas, B2
favéla *nf*, des favélas, B2, C4
fayoter *v*, D3
fédayin *nm*, des fédayins, B2, G2
fédérer *v*, il fédèrera, il fédèrerait, C1
féérie *nf*, F3
féérique *adj*, F3
fellaga *nm*, des fellagas, B2, G2
ferry *nm*, des ferrys, B2
ferryboat *nm*, A4
feuilleter *v*, il feuillète, il feuillètera, il feuillèterait, D1
fèverole *nf*, D3
fiat (PSYCHO) *nm*, des fiats, B2
ficeler *v*, il ficèle, il ficèlera, il ficèlerait, D1
fiftyfifty *loc adv*, A4
finish *nm*, des finishs, B2
fiord *nm*, G2
fioul *nm*, G2
flafla *nm*, des flaflas, A4
flash *nm*, des flashs, B2
flashback *nm*, des flashbacks, A4, B2
flécher *v*, il flèchera, il flècherait, C1
fleureter *v*, il fleurète, il fleurètera, il fleurèterait, D1
flute *nf*, C2
fluté, ée *adj*, C2
fluteau *nm*, C2
fluter *v*, C2
flutiau *nm*, C2
flutiste *n*, C2
fluvioglaciaire *adj*, A3
foéner *v*, il foènera, il foènerait, C1
fontanili *nm*, des fontanilis, B2
fortissimo *nm*, des fortissimos, B2
fourmilion *nm*, A5
fourretout *nm*, des fourretouts, A5
foxtrot *nm*, des foxtrots, A4
fraiche *nf*, C2
fraichement *adv*, C2
fraicheur *nf*, C2
fraichin *nm*, C2
fraichir *v*, C2
frais, fraiche *adj*, C2
freezeur *nm*, G2
frésia *nm*, C4
fréter *v*, il frètera, il frèterait, C1
fricfrac *nm*, des fricfracs, A4
frisoter *v*, D3
frisotis *nm*, D3
froufrou *nm*, des froufrous, A4
fume-cigare *nm*, des fume-cigares, B1
fume-cigarette *nm*, des fume-cigarettes, B1
fumerole *nf*, D3
fureter *v*, il furète, il furètera, il furèterait, D1
fusarole *nf*, D3
fuseler *v*, il fusèle, il fusèlera, il fusèlerait, D1
fussè-je, *voir* être
fut *nm*, C2
futier *nm*, C2

G

gageüre *nf*, C3
gagne-pain *nm*, des gagne-pains, B1
gagnepetit *nm*, des gagnepetits, A5
gaillèterie *nf*, F3
gaiment *adv*, C2
gaité *nf*, C2
galéjer *v*, il galèjera, il galèjerait, C1
galérer *v*, il galèrera, il galèrerait, C1
gamma *nm*, des gammas, B2
ganadéria *nf*, C4
gangréner *v*, il gangrène, il gangrènera, il gangrènerait, C1
gangréneux, euse *adj*, F3
garde-barrière *n*, des garde-barrières, B1
garde-bœuf *nm*, des garde-bœufs, B1
garde-boue *nm*, des garde-boues, B1
garde-but *n*, des garde-buts, B1
garde-cendre *nm*, des garde-cendres, B1
garde-chasse *n*, des garde-chasses, B1
garde-chiourme *n*, des garde-chiourmes, B1

garde-côte « agent » *n*, des garde-côtes, B1
garde-côte « bateau » *nm*, des garde-côtes, B1
garde-feu *nm*, des garde-feux, B1
garde-fou *nm*, des garde-fous, B1
garde-frein *nm*, des garde-freins, B1
garde-magasin *n*, des garde-magasins, B1
garde-maison *n*, des garde-maisons, B1
garde-malade *n*, des garde-malades, B1
garde-manège *nm*, des garde-manèges, B1
garde-manger *nm*, des garde-mangers, B1
garde-meuble *nm*, des garde-meubles, B1
garde-mite *nm*, des garde-mites, B1
garde-nappe *nm*, des garde-nappes, B1
garden-partie *nf*, des garden-parties, G2 *ou* garden-party *nf*, des garden-partys, B2
garde-pêche « agent » *n*, des garde-pêches, B1
garde-pêche « bateau » *nm*, des garde-pêches, B1
garde-place *nm*, des garde-places, B1
garde-port *nm*, des garde-ports, B1
garde-rat *nm*, des garde-rats, B1
garde-voie *nm*, des garde-voies, B1
garde-vue *nm*, des garde-vues, B1
garrotage *nm*, D3
garroter *v*, D3
gasoil n*m*, A4
gastroentérite *nf*, A3
gastroentérologie *nf*, A3
gastroentérologue *n*, A3
gâte-métier *nm*, des gâte-métiers, B1
gâte-papier *nm*, des gâte-papiers, B1
gâte-sauce *nm*, des gâte-sauces, B1
gay *adj*, gays, B2
gélétinobromure *nm*, A3
gélétinochlorure *nm*, A3
gélinotte *nf*, F3
générer *v*, il génèrera, il génèrerait, C1
gentleman *nm*, des gentlemans, B2
gentleman-farmer *nm*, des gentlemans-farmers, B2
gerbéra *nm*, C4
gérer *v*, il gèrera, il gèrerait, C1
gésir *v*, il git, C2
[ghilde *nf*] *voir* guilde
gileter *v*, il gilète, il gilètera, il gilèterait, D1
girole *nf*, D3
git (il), *voir* gésir
gite *nf*, C2
gite *nm*, C2
giter *v*, C2
gléner *v*, il glènera, il glènerait, C1
globetrotteur, euse *n*, A4, G2
glossopharyngien, enne *adj*, A3
gobelèterie *nf*, F3
gobe-mouche *nm*, des gobe-mouches, B1
gobeter *v*, il gobète, il gobètera, il gobèterait, D1
golden *nf*, des goldens, B2
gore *adj*, gores, B2
goulache *n*, G2
goulument *adv*, C2
gour *nm*, des gours, B2
gourou *nm*, G2
gout *nm*, C2
gouter *v*, *nm*, C2
gouteur, euse *n*, C2
gouteux, euse *adj*, *n*, C2
goute-vin *nm*, des goute-vins, B1, C2
gouzigouzi *nm*, A4
goy *nm*, des goys, B2
graffiti *nm*, des graffitis, B2
grainèterie *nf*, F3
gratte-ciel *nm*, des gratte-ciels, B1
gratte-cul *nm*, des gratte-culs, B1
gratteler *v*, il grattèle, il grattèlera, il grattèlerait, D1
gratte-papier *nm*, des gratte-papiers, B1
gratte-pied *nm*, des gratte-pieds, B1
grelotement *nm*, D3
greloter *v*, D3
greneler *v*, il grenèle, il grenèlera, il grenèlerait, D1
gréser *v*, il grèsera, il grèserait, C1
grigri *nm*, des grigris, A4
grille-pain *nm*, des grille-pains, B1
griveler *v*, il grivèle, il grivèlera, il grivèlerait, D1
grizzli *nm*, des grizzlis, B2
grole *nf*, D3
grommèlement *nm*, D1
grommeler *v*, il grommèle, il grommèlera, il grommèlerait, D1

grumeler *v*, il grumèle, il grumèlera, il grumèlerait, D1
gruppetto *nm*, des gruppettos, B2
guérilléro *nm*, C4
guibole *nf*, D3
guide-fil *nm*, des guide-fils, B1
guilde *nf*, *anciennement* ghilde, F2
guiliguili *nm*, des guiliguilis, A4
guilleméter *v*, il guillemètera, il guillemèterait, C1, F3

H

hach *nm*, G2
hache-fourrage *nm*, des hache-fourrages, B1
hache-légume *nm*, des hache-légumes, B1
hache-paille *nm*, des hache-pailles, B1
hache-viande *nm*, des hache-viandes, B1
hachich *nm*, G2
halal *adj*, halals, B2, G2
haleter *v*, il halète, il halètera, il halèterait, D1
handball *nm*, A4
harakiri *nm*, A4
harceler *v*, il harcèle, il harcèlera, il harcèlerait, D1
hautecontre *n*, des hautecontres, A5
hautefidélité *adj*, *nf*, A5
hautelisse *nf*, A5
hautelissier, ère *n*, A5
hauteville *nf*, A5
hautparleur *nm*, des hautparleurs, A5
hébètement *nm*, C1
hébéter *v*, il hébètera, il hébèterait, C1
héler *v*, il hèlera, il hèlerait, C1
héroïcomique *adj*, A3
hifi *adj*, *nf*, des hifis, A4, B2
hihan *interj*, *nm*, des hihans, A4
hippie *adj*, *n*, des hippies, G2 *ou* hippy *adj*, *n*, des hippys, B2
hobby *nm*, des hobbys, B2
holdup *nm*, des holdups, A4, B2
homéo-, *anciennement* homœo-, F2
homme-sandwich *nm*, des hommes-sandwichs, B2
[homœo-] *voir* homéo
hoqueter *v*, il hoquète, il hoquètera, il hoquèterait, D1
hors-bilan *nm*, des hors-bilans, B1
hors-bord *nm*, des hors-bords, B1
hors-champ *nm*, des hors-champs, B1
hors-cote *nm*, des hors-cotes, B1
hors-jeu *nm*, des hors-jeux, B1
hors-ligne *nm*, des hors-lignes, B1
hors-média *nm*, des hors-médias, B1
hors-piste *nm*, des hors-pistes, B1
hors-série *nm*, des hors-séries, B1
hors-sol *nm*, des hors-sols, B1
hors-statut *nm*, des hors-statuts, B1
hors-texte *nm*, des hors-textes, B1
hotdog *nm*, des hotdogs, A4, B2
houligan, ane *n*, G2
houliganisme *nm*, G2
huitre *nf*, C2
huitrier *nm*, C2
huitrier, ère *adj*, C2
huitrière *nf*, C2
hydroélectricité *nf*, A3
hydroélectrique *adj*, A3
hydrogéner *v*, il hydrogènera, il hydrogènerait, C1
hyposcénium *nm*, A3
hypothéquer *v*, il hypothèquera, il hypothèquerait, C1
hypothéticodéductif, ive *adj*, A3

I

idéomoteur, trice *adj*, A3
iglou *nm*, G2
ile *nf*, C2
iléocæcal, ale *adj*, A3
ilet *nm*, C2
ilien, enne *adj*, C2
ilot *nm*, C2
ilotage *nm*, C2
ilotier, ère *n*, C2
imbécilité *nf*, F1
imbrulé, ée *adj*, *nm*, C2
imbrulés *nm pl*, C2
impédimenta *nm*, des impédimentas, B2, C4

impérium *nm*, C4
impétrer *v*, il impètrera, il impètrerait, C1
imprégner *v*, il imprègnera, il imprègnerait, C1
imprésario *nm*, des imprésarios, B2, C4
imprimatur *nm*, des imprimaturs, B2
in extrémis *loc adv*, C4
incarcérer *v*, il incarcèrera, il incarcèrerait, C1
incinérer *v*, il incinèrera, il incinèrerait, C1
incipit *nm*, des incipits, B2
incongrument *adv*, C2
indifférer *v*, il indiffèrera, il indiffèrerait, C1
indument *adv*, C2
inférer *v*, il infèrera, il infèrerait, C1
infolio *nm*, des infolios, A4, B2
infrason *nm*, A2
infrasonore *adj*, A2
ingérer *v*, il ingèrera, il ingèrerait, C1
innommé, ée *adj*, F1
inoctavo *nm*, des inoctavos, A4, B2
inquarto *nm*, des inquartos, A4, B2
inquiéter *v*, il inquiètera, il inquièterait, C1
insérer *v*, il insèrera, il insèrerait, C1
intégrer *v*, il intègrera, il intègrerait, C1
intercéder *v*, il intercèdera, il intercèderait, C1
interférer *v*, il interfèrera, il interfèrerait, C1
interpeler *v*, nous interpelons, D2
interpénétrer (s') *v*, ils s'interpénètreront, ils s'interpénètreraient, C1
interpréter *v*, il interprètera, il interprèterait, C1
intervieweur, euse *n*, G2
intradermoréaction *nf*, A2, A3
intramuros *adj*, *adv*, A2
intraoculaire *adj*, A2
intraveineuse *nf*, A2
intraveineux, euse *adj*, A2
invétérer *v*, il invétèrera, il invétèrerait, C1
iodler *v*, G2
iota *nm*, des iotas, B2
itérer *v*, il itèrera, il itèrerait, C1

J

jachérer *v*, il jachèrera, il jachèrerait, C1
jamborée *nm*, C4
jarreter *v*, il jarrète, il jarrètera, il jarrèterait, D1
javeler *v*, il javèle, il javèlera, il javèlerait, D1
jazzman *nm*, des jazzmans, B2
jean *nm*, des jeans, B2
jeanfoutre *nm*, des jeanfoutres, A5
jéjunum *nm*, C4
jerricane *nm*, G2
jeuner *v*, C2
jeuneur, euse *n*, C2
jiujitsu *nm*, A4
joailler, ère *n*, F4
jukebox *nm*, des jukebox, A4, B2
jumeler *v*, il jumèle, il jumèlera, il jumèlerait, D1

K

kakémono *nm*, C4
kan « titre mongol » *nm*, G2
kana *nm*, des kanas, B2
kappa *nm*, des kappas, B2
kayak *nm*, des kayaks, B2
kéfié *nm*, G2
khi *nm*, des khis, B2
kibboutz *nm*, des kibboutz, B2
kifkif, *adj*, A4
kilométrer *v*, il kilomètrera, il kilomètrerait, C1
kirch *nm*, G2
kitch *adj*, *nm*, des kitchs, B2
knockout *nm*, des knockouts, A4, B2
kolkhoze *nm*, des kolkhozes, B2
ksar *nm*, des ksars, B2
kvas *nm*, G2

L

lacérer *v*, il lacèrera, il lacèrerait, C1
lady *nf*, des ladys, B2
laiche *nf*, C2

lambda *adj, nm*, des lambdas, B2
lance-bombe *nm*, des lance-bombes, B1
lance-engin *nm*, des lance-engins, B1
lance-flamme *nm*, des lance-flammes, B1
lance-fusée *nm*, des lance-fusées, B1
lance-grenade *nm*, des lance-grenades, B1
lance-missile *nm*, des lance-missiles, B1
lance-pierre *nm*, des lance-pierres, B1
lance-roquette *nm*, des lance-roquettes, B1
lance-satellite *nm*, des lance-satellites, B1
lance-torpille *nm*, des lance-torpilles, B1
land *nm*, des lands, B2
langueter *v*, il languète, il languètera, il languèterait D1
lapilli *nm*, des lapillis, B2
largo *nm*, des largos, B2
lasagne *nf*, des lasagnes, B2
latifundium *nm*, des latifundiums, B2
lave-linge *nm*, des lave-linges, B1
lave-main *nm*, des lave-mains, B1
lave-tête *nm*, des lave-têtes, B1
lave-vaisselle *nm*, des lave-vaisselles, B1
lazzarone *nm*, des lazzarones, B2
lazzi *nm*, des lazzis, B2
lèche-botte *n*, des lèche-bottes, B1
lèche-cul *adj, n*, des lèche-culs, B1
lécher *v*, il lèchera, il lècherait, C1
lèche-vitrine *nm*, des lèche-vitrines, B1
légato *nm*, des légatos, B2, C4
légiférer *v*, il légifèrera, il légifèrerait, C1
léguer *v*, il lèguera, il lèguerait, C1
leitmotiv *nm*, des leitmotivs, B2
lento *nm*, des lentos, B2
lèse-majesté *nf*, des lèse-majestés, B1
léser *v*, il lèsera, il lèserait, C1
lève-glace *nm*, des lève-glaces, B1
[levraut *nm*] *voir* levreau
levreau *nm*, *anciennement* levraut, F2

li « mesure chinoise » *nm*, des lis, B2
lianos *nm*, G2
libérer *v*, il libèrera, il libèrerait, C1
libéroligneux, euse *adj*, A3
libretto *nm*, des librettos, B2
lied *nm*, des lieds, B2
liéger *v*, il liègera, il liègerait, C1
lieudit *nm*, des lieudits, A5
lignerole *nf*, D3
limès *nm*, C4
linga *nm*, des lingas, B2
lingam *nm*, des lingams, B2
linoléum *nm*, des linoléums, B2, C4
lisérer *v*, il lisèrera, il lisèrerait, C1
litchi *nm*, G2
lobby *nm*, des lobbys, B2
lockout *nm*, des lockouts, A4, B2
logicomathématique *adj*, A3
logicopositivisme *nm*, A3
lombago *nm*, G2
lombosacré, ée *adj*, A3
lombosciatique *nf*, A3
louveter *v*, elle louvète, elle louvètera, elle louvèterait, D1
louvèterie *nf*, F3
lunch *nm*, des lunchs, B2
lunetier, ère *n*, D2
lunisolaire *adj*, A3

M

macaroni *nm*, des macaronis, B2
macérer *v*, il macèrera, il macèrerait, C1
macroéconomie *nf*, A3
macroéconomique *adj*, A3
mafia *nf*, G2
mafioso *nm*, des mafiosos, B2, G2
magnétoélectrique *adj*, A3
maharadja *nm*, des maharadjas, B2
[mah-jong *nm*] *voir* majong
mainforte *nf*, A5
maitre, maitresse *n*, C2
maitre-à-danser *nm*, C2
maitre-autel *nm*, C2
maitre-chien *nm*, C2
maitresse *nf*, C2
maitrisable *adj*, C2
maitrise *nf*, C2

maitriser *v*, C2
majong *nm*, *anciennement* mah-jong, G2
malfamé, ée *adj*, A5
malstrom *nm*, G2
mamelouk *nm*, G2
manageur, euse *n*, G2
manéger *v*, il manègera, il manègerait, C1
mange-disque *nm*, des mange-disques, B1
mangeoter *v*, D3
mangetout *nm*, des mangetouts, A5
mangeüre *nf*, C3
maniacodépressif, ive *adj*, A3
maniérer *v*, il manièrera, il manièrerait, C1
maraichage *nm*, C2
maraicher, ère *adj*, *n*, C2
maraichin, ine *adj*, *n*, C2
marengo *nm*, des marengos, B2
margoter *v*, D3
marguiller, ère *n*, F4
marijuana *nf*, G2
mariole *adj*, *n*, D3
markéting *nm*, C4
marqueter *v*, il marquète, il marquètera, il marquèterait, D1
marquèterie *nf*, C4
martini *nm*, des martinis, B2
mass média *nm*, des mass médias, B2, C4
match *nm*, des matchs, B2
maxima *nm*, des maximas, B2
maximum *nm*, des maximums, B2
mécher *v*, il mèchera, il mècherait, C1
méconnaitre *v*, C2
médailler *nm*, F4
média *nm*, des médias, B2, C4
médicolégal, ale *adj*, A3
médicosocial, ale *adj*, A3
méhalla *nf*, C4
méhari *nm*, des méharis, B2
melba *adj*, *nf*, des melbas, B2
méléna *nm*, C4
mêletout *n*, des mêletouts, A5
mélimélo *nm*, des mélimélos, A4
mémento *nm*, C4
mémérer *v*, il mémèrera, il mémèrerait, C1
mémorandum *nm*, des mémorandums, B2, C4
menchévique *adj*, *n*, C4
ménin, ine *n*, C4
mésa *nf*, C4
mésinterpréter *v*, il mésinterprètera, il mésinterprèterait, C1
[messeoir *v*] *voir* messoir
messoir *v*, *anciennement* messeoir, F2
métrer *v*, il mètrera, il mètrerait, C1
mezzo-soprano *nm*, des mezzo-sopranos, B2
microampère *nm*, A3
microampèremètre *nm*, A3
microanalyse *nf*, A3
microéconomie *nf*, A3
microonde « onde électromagnétique » *nf*, A3
microondes « four » *nm*, A3
milkshake *nm*, des milkshakes, A4, B2
millefeuille *nm*, des millefeuilles, A5
millefleur *nf*, des millefleurs, A5
millepatte *nm*, des millepattes, A5

millepertuis *nm*, A5
minicassette *nf*, A3
minichaine *nf*, A3, C2
minijupe *nf*, A3
minima *nm*, des minimas, B2
minimum *nm*, des minimums, B2
mire-œuf *nm*, des mire-œufs, B1
miss *nf*, des miss, B2
mixeur *nm*, G2
modérato *adv*, *nm*, des modératos, B2, C4
modérer *v*, il modèrera, il modèrerait, C1
moleter *v*, il molète, il molètera, il molèterait, D1
monosaccaride *nm*, F2
monte-charge *nm*, des monte-charges, B1
monte-fut *nm*, des monte-futs, B1, C2
monte-glace *nm*, des monte-glaces, B1
monte-pente *nm*, des monte-pentes, B1
monte-plat *nm*, des monte-plats, B1
monte-sac *nm*, des monte-sacs, B1
morcèlement *nm*, D1

morceler *v*, il morcèle, il morcèlera, il morcèlerait, D1
morigéner *v*, il morigènera, il morigènerait, C1
motocross *nm*, des motocross, A4, B2
moucharabié *nm*, G2
moucherole *nf*, D3
moucheter *v*, il mouchète, il mouchètera, il mouchèterait, D1
moudjahidine *nm*, des moudjahidines, B2
moukère *nf*, G2
mousmée *nf*, G2
mousquèterie *nf*, F3
mout *nm*, C2
mouvoir *v*, mu *pp*, C2
mu « lettre » *nm*, des mus, B2
mu *pp*, *voir* mouvoir, C2
muezzine *nm*, G2
mugueter *v*, il muguète, il muguètera, il muguèterait, D1
muléta *nf*, C4
mûr *adj*, mure, murs, mures, C2
mure *nf*, C2
murement *adv*, C2
murier *nm*, C2
murir *v*, C2
murissage *nm*, C2
murissant, ante *adj*, C2
murissement *nm*, C2
murisserie *nf*, C2
muron *nm*, C2
musèlement *nm*, D1
museler *v*, il musèle, il musèlera, il musèlerait, D1
muserole *nf*, D3

N

naitre *v*, il nait, il naitra, il naitrait, C2
narcoanalyse *nf*, A3
négrospiritual *nm*, A3
nénufar *nm*, F2
néocalédonien, enne *adj*, A3
Néocalédonien, enne *n*, A3
néocapitalisation *nf*, A3
néocapitalisme *nm*, A3
néocapitaliste *adj*, A3
néoceltique *adj*, A3
néoclassicisme *nm*, A3
néoclassique *adj*, A3
néocolonialisme *nm*, A3
néocolonialiste *adj*, *n*, A3
néocriticisme *nm*, A3
néocriticiste *adj*, *n*, A3
néodarwinisme *nm*, A3
néogothique *adj*, A3
néogrec, néogrecque *adj*, A3
néohébridais, aise *adj*, A3
Néohébridais, aise *n*, A3
néokantisme *nm*, A3
néolibéral, ale *adj*, *n*, A3
néolibéralisme *nm*, A3
néonatal, ale *adj*, A3
néoplatonicien, enne *adj*, *n*, A3
néoplatonisme *nm*, A3
néopositivisme *nm*, A3
néopositiviste *adj*, *n*, A3
néoréalisme *nm*, A3
néoréaliste *adj*, A3
néothomisme *nm*, A3
néozélandais, aise *adj*, A3
Néozélandais, aise *n*, A3
neuneu *adj*, neuneus, A4
neurovégétatif, ive *adj*, A3
newlook *adj*, *nm*, des newlooks, A4
nickeler *v*, il nickèle, il nickèlera, il nickèlerait, D1
nivèlement *nm*, D1
niveler *v*, il nivèle, il nivèlera, il nivèlerait, D1
nivoglaciaire *adj*, A3
nivopluvial, ale *adj*, A3
noroit *nm*, C2
nova *nf*, des novas, B2
nu « lettre » *nm*, des nus, B2
nucléus *nm*, des nucléus, B2
nument *adv*, C2
numérus clausus *nm*, C4
nuraghé *nm*, des nuraghés, B2, C4
nurserie *nf*, des nurseries, B2

O

obérer *v*, il obèrera, il obèrerait, C1
oblitérer *v*, il oblitèrera, il oblitèrerait, C1
obséder *v*, il obsèdera, il obsèderait, C1
obtempérer *v*, il obtempèrera, il obtempèrerait, C1
oculus *nm*, des oculus, B2
off *adj*, offs, B2
offset *nm*, des offsets, B2
offshore *nm*, des offshores, A4, B2
ognon *nm*, F2
ognonade *nf*, F2
ognonière *nf*, F2
oiseler *v*, il oisèle, il oisèlera, il oisèlerait, D1
oligoélément *nm*, A3
olim *nm*, des olims, B2
oméga *nm*, des omégas, B2
omicron *nm*, des omicrons, B2
open *adj*, opens, B2
opérer *v*, il opèrera, il opèrerait, C1
oppidum *nm*, des oppidums, B2
optimum *nm*, des optimums, B2
ordo *nm*, des ordos, B2
ossobuco *nm*, des ossobucos, A4, B2
ostrogot, ote *adj, n*, G2
otorhino *n*, A3
otorhinolaryngologie *nf*, A3
otorhinolaryngologiste *n*, A3
oued *nm*, des oueds, B2
ouillère *nf*, *anciennement* ouillière, F4
oukase *nm*, G2
ouléma *nm*, G2
out *adj*, outs, B2
ouvre-boite *nm*, des ouvre-boites, B1, C2
ouvre-bouteille *nm*, des ouvre-bouteilles, B1
ouvre-gant *nm*, des ouvre-gants, B1
ouvre-huitre *nm*, des ouvre-huitres, B1, C2
ouzbek *adj, n*, G2
oxygéner *v*, il oxygènera, il oxygènerait, C1

P

paélia *nf*, G2
pagaille *nf*, F2
pagus *nm*, des pagus, B2
pailleter *v*, il paillète, il paillètera, il paillèterait, D1
paisseler *v*, il paissèle, il paissèlera, il paissèlerait, D1
paitre *v*, il pait, il paitra, il paitrait, C2
panèterie *nf*, F3
panteler *v*, il pantèle, il pantèlera, il pantèlerait, D1
papèterie *nf*, F3
paqueter *v*, il paquète, il paquètera, il paquèterait, D1
parabellum *nm*, des parabellums, B2
paraitre v, il parait, il paraitra, il paraitrait, C2
pare-avalanche *nm*, des pare-avalanches, B1
pare-balle *nm*, des pare-balles, B1
pare-boue *nm*, des pare-boues, B1
pare-brise *nm*, des pare-brises, B1
pare-cendre *nm*, des pare-cendres, B1
pare-choc *nm*, des pare-chocs, B1
pare-clou *nm*, des pare-clous, B1
pare-éclat *nm*, des pare-éclats, B1
pare-étincelle *nm*, des pare-étincelles, B1
pare-étoupille *nm*, des pare-étoupilles, B1
pare-feu *nm*, des pare-feux, B1
pare-fumée *nm*, des pare-fumées, B1
pare-neige *nm*, des pare-neiges, B1
pare-soleil *nm*, des pare-soleils, B1
pare-vent *nm*, des pare-vents, B1
parqueter *v*, il parquète, il parquètera, il parquèterait, D1
parquèterie *nf*, F3
partita *nf*, des partitas, B2
paséo *nm*, C4
pasodoble *nm*, des pasodobles, A4, B2
passe-bande *adj*, passe-bandes, B1
passe-boule *nm*, des passe-boules, B1
passe-coupe *nm*, des passe-coupes, B1
passe-crassane *nf*, des passe-crassanes, B1
passe-droit *nm*, des passe-droits, B1
passe-lacet *nm*, des passe-lacets, B1
passe-lait *nm*, des passe-laits, B1

passe-montagne *nm*, des passe-montagnes, B1
passepartout *nm*, des passepartouts, A5
passepasse *nm*, des passepasses, A5
passe-pied *nm*, des passe-pieds, B1
passe-pierre *nf*, des passe-pierres, B1
passe-plat *nm*, des passe-plats, B1
passe-rose *nf*, des passe-roses, B1
passetemps *nm*, A5
passe-thé *nm*, des passe-thés, B1
passe-volant *nm*, des passe-volants, B1
pécher « commettre une faute » *v*, il pèchera, il pècherait, C1
pècheresse *nf*, C1
pédigrée *nm*, C4
pélagos *nm*, C4
pêlemêle *adv*, A4
pêlemêle *nm*, des pêlemêles, A5
pelleter *v*, il pellètera, il pellèterait, C1
pénalty *nm*, des pénaltys, B2, C4
pénétrer *v*, il pénètrera, il pénètrerait, C1
pénicillinorésistant, ante *adj*, A3
pèperin *nm*, C1
pèquenaud *ou* pèquenot *nm*, C1
perce-muraille *nf*, des perce-murailles, B1
perce-neige *n*, des perce-neiges, B1
perce-oreille *nm*, des perce-oreilles, B1
perce-pierre *nm*, des perce-pierres, B1
percutiréaction *nf*, A3
pérestroïka *nf*, C4
perpétrer *v*, il perpètrera, il perpètrerait, C1
persévérer *v*, il persévèrera, il persévèrerait, C1
persifflage *nm*, F1
persiffler *v*, F1
persiffleur, euse *adj*, *n*, F1
pèse-acide *nm*, des pèse-acides, B1
pèse-alcool *nm*, des pèse-alcools, B1
pèse-bébé *nm*, des pèse-bébés, B1
pèse-esprit *nm*, des pèse-esprits, B1
pèse-lait *nm*, des pèse-laits, B1
pèse-lettre *nm*, des pèse-lettres, B1
pèse-liqueur *nm*, des pèse-liqueurs, B1
pèse-mout *nm*, des pèse-mouts, B1, C2
pèse-personne *nm*, des pèse-personnes, B1
pèse-sel *nm*, des pèse-sels, B1
pèse-sirop *nm*, des pèse-sirops, B1
péséta *nm*, C4
pèse-vin *nm*, des pèse-vins, B1
péso *nm*, C4
pestiférer *v*, il pestifèrera, il pestifèrerait, C1
péter *v*, il pètera, il pèterait, C1
petit-maitre, petite-maitresse *n*, C2
pharyngolaryngite *nf*, A3
phénix *nm*, C4
phi « lettre » *nm*, des phis, B2
photoélasticimétrie *nf*, A3
photoélectricité *nf*, A3
photoélectrique *adj*, A3
photofinish *nf*, des photofinishs, A3, B2
photorobot *n*, A3
phylloxéra, C4
phylum *nm*, des phylums, B2
physicochimie *nf*, A3
physicochimique *adj*, A3
physicomathématique *nf*, A3
physicothéologique *adj*, A3
pi « lettre » *nm*, des pis, B2
pianissimo *nm*, des pianissimos, B2
pickup *nm*, des pickups, A4, B2
picolo *nm*, des picolos, B2
piéger *v*, il piègera, il piègerait, C1
piéta *nf*, des piétas, B2, C4, G2
piètement *nm*, C1
piéter *v*, il piètera, il pièterait, C1
piézoélectricité *nf*, A3
piézoélectrique *adj*, A3
pilosébacé, ée *adj*, A3
pince-fesse *nm*, des pince-fesses, B1
pince-maille *nm*, des pince-mailles, B1
pince-oreille *nm*, des pince-oreilles, B1
pinceter *v*, il pincète, il pincètera, il pincèterait, D1
pingpong *nm*, des pingpongs, A4, B2
pinup *nf*, des pinups, A4, B2
pipeline *nm*, A4
pique-assiette *nm*, des pique-assiettes, B1
pique-bœuf *nm*, des pique-bœufs, B1
pique-feu *nm*, des pique-feux, B1
pique-fleur *nm*, des pique-fleurs, B1
pique-fruit *nm*, des pique-fruits, B1
piquenique *nm*, A5
piqueniquer *v*, A5
piqueniqueur, euse *n*, A5
pique-note *nm*, des pique-notes, B1

piqueter *v*, il piquète, il piquètera, il piquèterait, D1
piqure *nf*, C2
pirojki *nm*, des pirojkis, B2
pissefroid *nm*, des pissefroids, A5
pisse-vinaigre *n*, des pisse-vinaigres, B1
pizzéria *nf*, C4
pizzicato *nm*, des pizzicatos, B2
placébo *nm*, C4
plaire *v*, il plait, C2
platebande *nf*, des platebandes, A5
plateforme *nf*, des plateformes, A5
playback *nm*, des playbacks, A4, B2
playboy *nm*, A4
plénum *nm*, C4
pleure-misère *nm*, des pleure-misères, B1
plumpouding *nm*, A4, G2
pocheter *v*, il pochète, il pochètera, il pochèterait, D1
poètereau *nm*, C1
pogrome *nm*, G2
pointeur *nm*, G2
policeman *nm*, des policemans, B2
polysaccaride *nm*, F2
pomérium *nm*, C4
pommeler (se) *v*, il se pommèle, il se pommèlera, il se pommèlerait, D1
ponch « boisson » *nm*, *anciennement* punch, F2
pondérer *v*, il pondèrera, il pondèrerait, C1
pop *adj*, pops, B2
popcorn *nm*, des popcorns, A4, B2
porte-aéronef *nm*, des porte-aéronefs, B1
porte-affiche *nm*, des porte-affiches, B1
porte-aigle *nm*, des porte-aigles, B1
porte-aiguille *nm*, des porte-aiguilles, B1
porte-allumette *nm*, des porte-allumettes, B1
porte-amarre *nm*, des porte-amarres, B1
porte-auto *nm*, des porte-autos, B1
porte-avion *nm*, des porte-avions, B1
porte-bagage *nm*, des porte-bagages, B1
porte-baïonnette *nm*, des porte-baïonnettes, B1
porte-balai *nm*, des porte-balais, B1
porte-bannière *n*, des porte-bannières, B1
porte-barge *nm*, des porte-barges, B1
porte-bébé *nm*, des porte-bébés, B1
porte-billet *nm*, des porte-billets, B1
porte-bonheur *nm*, des porte-bonheurs, B1
porte-bouquet *nm*, des porte-bouquets, B1
porte-bouteille *nm*, des porte-bouteilles, B1
porte-brancard *nm*, des porte-brancards, B1
porte-carte *nm*, des porte-cartes, B1
porte-chapeau *nm*, des porte-chapeaux, B1
porte-cigare *nm*, des porte-cigares, B1
porte-cigarette *nm*, des porte-cigarettes, B1
porteclé *nm*, des porteclés, A5
porte-conteneur *nm*, des porte-conteneurs, B1
porte-copie *nm*, des porte-copies, B1
porte-couteau *nm*, des porte-couteaux, B1
portecrayon *nm*, des portecrayons, A5
porte-crosse *nm*, des porte-crosses, B1
porte-document *nm*, des porte-documents, B1
porte-drapeau *nm*, des porte-drapeaux, B1
porte-enseigne *nm*, des porte-enseignes, B1
porte-épée *nm*, des porte-épées, B1
porte-étendard *nm*, des porte-étendards, B1
porte-étrier *nm*, des porte-étriers, B1
porte-étrivière *nm*, des porte-étrivières, B1
porte-fanion *nm*, des porte-fanions, B1
portefort *nm*, des porteforts, A5
porte-glaive *nm*, des porte-glaives, B1
porte-greffe *nm*, des porte-greffes, B1
porte-hauban *nm*, porte-haubans, B1
porte-hélicoptère *nm*, des porte-hélicoptères, B1
porte-jarretelle *nm*, des porte-jarretelles, B1
porte-jupe *nm*, des porte-jupes, B1
porte-lame *nm*, des porte-lames, B1
porte-malheur *nm*, des porte-malheurs, B1
portemanteau *nm*, des portemanteaux, A5
porte-menu *nm*, des porte-menus, B1
portemine *nm*, des portemines, A5
portemonnaie *nm*, des portemonnaies, A5
porte-montre *nm*, des porte-montres, B1

porte-musique *nm*, des porte-musiques, B1
porte-objet *nm*, des porte-objets, B1
porte-outil *nm*, des porte-outils, B1
porte-papier *nm*, des porte-papiers, B1
porte-parapluie *nm*, des porte-parapluies, B1
porte-parole *nm*, des porte-paroles, B1
porteplume *nm*, des porteplumes, A5
porte-queue *nm*, des porte-queues, B1
porte-revue *nm*, des porte-revues, B1
porte-savon *nm*, des porte-savons, B1
porte-serviette *nm*, des porte-serviettes, B1
porte-trait *nm*, des porte-traits, B1
porte-vent *nm*, des porte-vents, B1
portevoix *nm*, A5
posséder *v*, il possèdera, il possèderait, C1
postabortum *nm*, A3
postindustriel, elle *adj*, A3
postmoderne *adj*, A3
postnatal, ale *adj*, A3
postpartum *nm*, A3
postscriptum *nm*, des postscriptums, A3, B2
potpourri *nm*, des potpourris, A5
poucepied *nm*, A5
pouding *nm*, G2
pourcompte *nm*, A5
pourlécher *v*, il pourlèchera, il pourlècherait, C1
poursoi *nm*, A5
pousse-café *nm*, des pousse-cafés, B1
pousse-caillou *nm*, des pousse-cailloux, B1
pousse-cul *nm*, des pousse-culs, B1
pousse-pied *nm*, des pousse-pieds, B1
poussepousse *nm*, des poussepousses, A5
pousse-toc *nm*, des pousse-tocs, B1
pousse-wagon *nm*, des pousse-wagons, B1
pouvoir *v*, puissè-je, pussè-je, C4
précéder *v*, il précèdera, il précèderait, C1
prêchiprêcha *nm*, des prêchiprêchas, A4
préélectoral, ale *adj*, A5
préemballé, ée *adj*, A5
préférer *v*, il préfèrera, il préfèrerait, C1
premier-maitre *nm*, C2
présidium *nm*, des présidiums, B2, C4
presqu'ile *nf*, C2
presse-agrume *nm*, des presse-agrumes, B1
presse-bouton *nm*, des presse-boutons, B1
presse-citron *nm*, des presse-citrons, B1
presse-étoupe *nm*, des presse-étoupes, B1
presse-fruit *nm*, des presse-fruits, B1
presse-papier *nm*, des presse-papiers, B1
presse-purée *nm*, des presse-purées, B1
presse-raquette *nm*, des presse-raquettes, B1
presse-viande *nm*, des presse-viandes, B1
prestissimo *nm*, des prestissimos, B2
primadonna *nf*, des primadonnas, A4
procéder *v*, il procèdera, il procèderait, C1
proférer *v*, il profèrera il profèrerait, C1
proliférer *v*, il prolifèrera, il prolifèrerait, C1
prorata *nm*, des proratas, B2
proscénium *nm*, des proscéniums, B2, C4
prospérer *v*, il prospèrera, il prospèrerait, C1
protège-dent *nm*, des protège-dents, B1
protéger *v*, il protègera, il protègerait, C1
prudhommal, ale *adj*, F1
prudhomme *nm*, F1
prudhommie *nf*, F1
prunelier *nm*, D2
pseudobulbaire *adj*, A3
pseudofécondation *nf*, A3
pseudomembrane *nf*, A3
psi « lettre » *nm*, des psis, B2
psychoanaleptique *adj*, A3
psychosensorimoteur *adj*, A3
puiné, ée *adj*, *n*, C2
puissè-je, pussè-je, *voir* pouvoir
pulloveur *nm*, A4, G2
[punch « boisson » *nm*] *voir* ponch
puntilléro *nm* C4
pupazzo *nm*, des pupazzos, B2
putsch *nm*, des putschs, B2
putto *nm*, des puttos, B2

Q

quanta *nm*, des quantas, B2
quantum *nm*, des quantums, B2

quartier-maitre *n*, C2
québécois, oise *adj*, *n*, F3
québracho *nm*, C4
quiller *nm*, F4
quincailler, ère *n*, F4
quipou *nm*, G2
quotepart *nf*, A5

R

rabat-eau *nm*, des rabat-eaux, B1
rabat-joie *nm*, des rabat-joies, B1
rabat-vent *nm*, des rabat-vents, B1
radiotaxi *nm*, A3
raffuter *v*, C2
rafraichi, ie *adj*, C2
rafraichir *v*, C2
rafraichissant, ante *adj*, C2
rafraichissement *nm*, C2
ragout *nm*, C2
ragoutant, ante *adj*, C2
ragouter *v*, C2
ralléger *v*, il rallègera, il rallègerait, C1
ramasse-couvert *nm*, des ramasse-couverts, B1
ramasse-miette *nm*, des ramasse-miettes, B1
ramasse-monnaie *nm*, des ramasse-monnaies, B1
ramasse-pâte *nm*, des ramasse-pâtes, B1
ramasse-poussière *nm*, des ramasse-poussières, B1
ranch *nm*, des ranchs, B2
rapiécer *v*, il rapiècera, il rapiècerait, C1
rapièceter *v*, il rapiécète, il rapiécètera, il rapiécèterait, C1, D1
rase-motte *nm*, des rase-mottes, B1
rase-pet *nm*, des rase-pets, B1
[rasseoir *v*] *voir* rassoir
rasséréner *v*, il rassérènera, il rassérènerait, C1
rassoir *v*, *anciennement* rasseoir, F2
râteler *v*, il râtèle, il râtèlera, il râtèlerait, D1
ravioli *nm*, des raviolis, B2
réaffuter *v*, C2
réaléser *v*, il réalèsera, il réalèserait, C1
réapparaitre *v*, il réapparait, il réapparaitra, il réapparaitrait, C2
rebéquer *v*, il rebèquera, il rebèquerait, C1
rebruler *v*, C2
recacheter *v*, il recachète, il recachètera, il recachèterait, D1
recarreler *v*, il recarrèle, il recarrèlera, il recarrèlerait, D1
recéder *v*, il recèdera, il recèderait, C1
recéler *v*, il recèlera, il recèlerait, C1, F3
recéleur, euse *n*, F3
recépage *nm*, F3
recépée *nf*, F3
recéper *v*, il recèpera, il recèperait, C1, F3
réclusionnaire *nm*, F3
recomparaitre *v*, il recomparait, il recomparaitra, il recomparaitrait, C2
reconnaitre *v*, il reconnait, il reconnaitra, il reconnaitrait, C2
reconsidérer *v*, il reconsidèrera, il reconsidèrerait, C1
recordman *nm*, des recordmans, B2
recroitre *v*, il recroit, il recroitra, il recroitrait, recru *pp*, C2
recru *nm*, C2
recru *pp*, *voir* recroitre
rectocolite *nf*, A3
récupérer *v*, il récupèrera, il récupèrerait, C1
redevoir *v*, redu *pp*, C2
redu *pp*, *voir* redevoir
référendum *nm*, des référendums, B2, C4
référer *v*, il réfèrera, il réfèrerait, C1
refléter *v*, il reflètera, il reflèterait, C1
réflex *adj*, *nm*, C4
réfrènement *nm*, C1
réfréner *v*, il réfrènera, il réfrènerait, C1
réfrigérer *v*, il réfrigèrera, il réfrigèrerait, C1
régénérer *v*, il régénèrera, il régénèrerait, C1
règlementaire *adj*, C1
règlementairement *adv*, C1
règlementarisme *nm*, C1
règlementariste *adj*, *n*, C1
règlementation *nf*, C1
règlementer *v*, C1
régler *v*, il règlera, il règlerait, C1

régner *v*, il règnera, il règnerait, C1
réincarcérer *v*, il réincarcèrera, il réincarcèrerait, C2
réinsérer, réinsérer (se) *v*, il (se) réinsèrera, il (se) réinsèrerait, C1
réintégrer *v*, il réintègrera, il réintègrerait, C1
réinterpréter *v*, il réinterprètera, il réinterprèterait, C1
réitérer *v*, il réitèrera, il réitèrerait, C1
reitre *nm*, C2
relai *nm*, F2
reléguer *v*, il relèguera il relèguerait, C1
reloqueter *v*, il reloquète, il reloquètera, il reloquèterait, D1
remboitage *nm*, C2
remboitement *nm*, C2
remboiter *v*, C2
remonte-pente *nm*, des remonte-pentes, B1
rempaqueter *v*, il rempaquète, il rempaquètera, il rempaquèterait, D1
rempiètement *nm*, C1
rempiéter *v*, il rempiètera, il rempièterait, C1
remue-ménage *nm*, des remue-ménages, B1
remue-méninge *nm*, des remue-méninges, B1
rémunérer *v*, il rémunèrera, il rémunèrerait, C1
renaitre *v*, il renait, il renaitra, il renaitrait, C2
renchainer *v*, C2
renfaitage *nm*, C2
renfaiter *v*, C2
rengréner *v*, il rengrènera, il rengrènerait, C1
renouvèlement *nm*, D1
renouveler *v*, il renouvèle, il renouvèlera, il renouvèlerait, D1
réopérer *v*, il réopèrera, il réopèrerait, C1
repaitre *v*, il repait, il repaitra, il repaitrait, C2
reparaitre *v*, il reparait, il reparaitra, il reparaitrait, C2
répartie *nf*, F3
répartir « répliquer » *v*, F3
repérer *v*, il repèrera, il repèrerait, C1
répéter *v*, il répètera, il répèterait, C1
repose-pied *nm*, des repose-pieds, B1
repose-tête *nm*, des repose-têtes, B1
réséquer *v*, il résèquera, il résèquerait, C1
résoudre *v*, résout, résoute *pp*, F2
ressemeler *v*, il ressemèle, il ressemèlera, il ressemèlerait, D1
réticuloendothélial, ale *adj*, A3
rétrocéder *v*, il rétrocèdera, il rétrocèderait, C1
réveille-matin *nm*, des réveille-matins, B1
révéler *v*, il révèlera, il révèlerait, C1
réverbérer *v*, il réverbèrera, il réverbèrerait, C1
révérer *v*, il révèrera, il révèrerait, C1
révolver *nm*, C4
révolvériser *v*, C4
rho *nm*, des rhos, B2
ricrac *adv*, A4
riesling *nm*, des rieslings, B2
rince-bouche *nm*, des rince-bouches, B1
rince-bouteille *nm*, des rince-bouteilles, B1
rince-doigt *nm*, des rince-doigts, B1
ripiéno *nm*, des ripiénos, B2, C4
risquetout *nm*, des risquetouts, A5
riveter *v*, il rivète, il rivètera, il rivèterait, D1
robinétier *nm*, F3
rockeur, euse *n*, G2
rœstis *nm pl*, G2
rogne-pied *nm*, des rogne-pieds, B1
romancéro *nm*, C4
rondpoint *nm*, des rondpoints, A5
ronéo *nf*, des ronéos, B2
rongeüre *nf*, C3
rouloter *v*, D3
rouspéter *v*, il rouspètera, il rouspèterait, C1
rousserole *nf*, D3
royaltie *nf*, des royalties, B2
rugbyman *nm*, des rugbymans, B2
ruine-babine *nm*, des ruine-babines, B1
ruissèlement *nm*, D1
ruisseler *v*, il ruissèle, il ruissèlera, il ruissèlerait, D1
rush *nm*, des rushs, B2

S

saccarase *nf*, F2
saccarate *nf*, F2
saccareux, euse *adj*, F2
saccaridé *nm*, F2
saccarides *nm pl*, F2
saccarifère *adj*, F2
saccarification *nf*, F2
saccarifier *v*, F2
saccarimètre *nm*, F2
saccarimétrie *nf*, F2
saccarimétrique *adj*, F2
saccarin, ine *adj*, F2
saccarine *nf*, F2
saccariné, ée *adj*, F2
saccarique *adj*, F2
saccaroïde *adj*, F2
saccarolé *nm*, F2
saccaromyces *nm pl*, F2
saccarose *nm*, F2
saccarure *nm*, F2
sacrosaint, te *adj*, A3
sagefemme *nf*, des sagefemmes, A5
sanatorium *nm*, des sanatoriums, B2
sandwich *nm*, des sandwichs, B2
sans-abri *n*, des sans-abris, B1
sans-cœur *n*, des sans-cœurs, B1
sanscrit *nm*, G2
sanscrit, ite *adj*, G2
sans-culotte *nm*, des sans-culottes, B1
sans-emploi *n*, des sans-emplois, B1
sans-façon *nm*, des sans-façons, B1
sans-faute *nm*, des sans-fautes, B1
sans-fil *nf*, des sans-fils, B1
sans-fil *nm*, des sans-fils, B1
sans-filiste *nm*, des sans-filistes, B1
sans-gêne *n*, des sans-gênes, B1
sans-grade *n*, des sans-grades, B1
sans-papier *n*, des sans-papiers, B1
sans-parti *n*, des sans-partis, B1
sans-patrie *n*, des sans-patries, B1
sans-plomb *nm*, des sans-plombs, B1
sans-soin *n*, des sans-soins, B1
sans-souci *n*, des sans-soucis, B1
sati *adj*, *nf*, des satis, B2
sati *nm*, des satis, B2
satisfécit *nm*, des satisfécits, B2, C4
saufconduit *nm*, des saufconduits, A5
sauteler *v*, il sautèle, il sautèlera, il sautèlerait, D1
saute-mine *nm*, des saute-mines, B1
saute-mouton *nm*, des saute-moutons, B1
saute-ruisseau *nm*, des saute-ruisseaux, B1
scampi *nm*, des scampis, B2
scapulohuméral, ale *adj*, A3
scénario *nm*, des scénarios, B2
sconse *nm*, *anciennement* skunks, F2
scooteur *nm*, G2
scotch *nm*, des scotchs, B2
scutum *nm*, des scutums, B2
sèche-cheveu *nm*, des sèche-cheveux, B1
sèche-linge *nm*, des sèche-linges, B1
sèche-main *nm*, des sèche-mains, B1
sécher *v*, il sèchera, il sècherait, C1
sècheresse *nf*, C1
sècherie *nf*, C1
secréter *v*, il secrètera, il secrèterait, C1
sécréter *v*, il sécrètera, il sécrèterait, C1
sédum *nm*, C4
sélect *adj*, C4
self-made-man *nm*, des self-made-mans, B2
sempervivum *nm*, des sempervivums, B2
sèneçon *nm*, C1
sénescence *nf*, C4
sénestrorsum *adj*, *adv*, C4
sènevé *nm*, C1
sénior *adj*, *n*, C4
séniorita *nf*, C4, G2
séquoia *nm*, C4
sérapéum *nm*, C4
séringuéro *nm*, C4
serpillère *nf*, F4

serre-bosse *nm*, des serre-bosses, B1
serre-câble *nm*, des serre-câbles, B1

serre-écrou *nm*, des serre-écrous, B1
serre-fil *nm*, des serre-fils, B1
serre-file *nm*, des serre-files, B1
serre-frein *nm*, des serre-freins, B1
serre-joint *nm*, des serre-joints, B1
serre-livre *nm*, des serre-livres, B1
serre-papier *nm*, des serre-papiers, B1
serre-tête *nm*, des serre-têtes, B1
serre-tube *nm*, des serre-tubes, B1
sexy *adj*, sexys, B2
shakeur *nm*, G2
shampoing *nm*, G2
shampouiner *v*, G2
shampouineur, euse *n*, G2
show *nm*, des shows, B2
sidérer *v*, il sidèrera, il sidèrerait, C1
siéger *v*, il siègera, il siègerait, C1
sigma *nm*, des sigmas, B2
sketch *nm*, des sketchs, B2
skippeur *n*, G2
[skunks *nm*] *voir* sconse
smash *nm*, des smashs, B2
snackbar *nm*, des snackbars, A4
snif *interj*, G2
snifer *v*, G2
socioculturel, elle *adj*, A3
socioéconomique *adj*, A3
socioéducatif, ive *adj*, A3
socioprofessionnel, elle *adj*, A3
solo *nm*, des solos, B2
somatopsychique *adj*, A3
sombréro *nm*, des sombréros, B2, C4
soprano *n*, des sopranos, B2
sorgo *nm*, F2
sosténuto *adv*, C4
sottie *nf*, F2
soucheter *v*, il souchète, il souchètera, il souchèterait, D1
souffleter *v*, il soufflète, il soufflètera, il soufflèterait, D1
souffre-douleur *nm*, des souffre-douleurs, B1
soul, soule *adj*, C2
soulant, ante *adj*, C2
soulard, arde *adj*, *n*, C2
soulaud, aude *n*, C2
souler *v*, C2
soulerie *nf*, C2
soulographe *adj*, *n*, C2
soulographie *nf*, C2
soulon *nm*, C2
soulot, ote *n*, C2
sous-faitage *nm*, des sous-faitages, B1, C2
sous-faite *nm*, des sous-faites, B1, C2
sous-gorge *nf*, des sous-gorges, B1
sous-main *nm*, des sous-mains, B1
sous-maitre, sous-maitresse *n*, des sous-maitres, des sous-maitresses, B1, C2
sous-seing *nm*, des sous-seings, B1
sous-verge *nm*, des sous-verges, B1
sous-verre *nm*, des sous-verres, B1
soutasse *nf*, A5
soutra *nm*, G2
spaghetti *nm*, des spaghettis, B2
spatiotemporel, elle *adj*, A3
spéculos *nm*, G2
spéculum *nm*, des spéculums, B2, C4
speech *nm*, des speechs, B2
spermacéti *nm*, C4
sphacéler *v*, il sphacèlera, il sphacèlerait, C1
spinabifida *nm*, des spinabifidas, A4, B2
spinaventosa *nm*, des spinaventosas, A4, B2
sprinteur, euse *n*, G2
squatteur, euse *n*, G2
staccato *nm*, des staccatos, B2
standard *adj*, standards, B2
statuquo *nm*, des statuquos, A4, B2
stérer *v*, il stèrera, il stèrerait, C1
sternocléidomastroïdien, enne *adj*, *nm*, A3
stimulus *nm*, des stimulus, B2
stoupa *nm*, G2
stratocumulus *nm*, A3
striptease *nm*, des stripteases, A4, B2
stripteaseur, euse *n*, A4
subaigu, subaigüe *adj*, C3
subdéléguer *v*, il subdélèguera, il subdélèguerait, C1
succéder *v*, il succèdera, il succèderait, C1
suggérer *v*, il suggèrera, il suggèrerait, C1
sulky *nm*, des sulkys, B2
superman *nm*, des supermans, B2
supernova *nf*, des supernovas, B2
supporteur, trice *n*, G2
sûr *adj*, sure, surs, sures, C2
suraigu, suraigüe *adj*, C3

surcout *nm*, C2
surcroit *nm*, C2
surdimutité *nf*, A3
surement *adv*, C2
surentrainement *nm*, C2
surentrainer *v*, C2
sureté *nf*, C2
surmoi *nm*, A5
suroit *nm*, C2
surpiqure *nf*, C2
[surseoir *v*] *voir* sursoir
sursoir *v*, *anciennement* surseoir, F2
symposium *nm*, des symposiums, B2

T

tacheter *v*, il tachète, il tachètera, il tachèterait, D1
taille-crayon *nm*, des taille-crayons, B1
taille-mer *nm*, des taille-mers, B1
taille-ongle *nm*, des taille-ongles, B1
taille-racine *nm*, des taille-racines, B1
taille-vent *nm*, des taille-vents, B1
taliatelle *nf*, des taliatelles, B2, G2
talweg *nm*, G2
tamtam *nm*, des tamtams, A4
tapecul *nm*, A5
tartignole *adj*, D3
taste-vin *nm*, des taste-vins, B1
tatami *nm*, des tatamis, B2
tâte-vin *nm*, des tâte-vins, B1
tau *nm*, des taus, B2
tavaïole *nf*, D3
taveler *v*, il tavèle, il tavèlera, il tavèlerait, D1
taxum *nm*, des taxums, B2
tchao *interj*, *anciennement* ciao, G2
tchervonets *nm*, des tchervonets, B2
tchintchin *interj*, A4
technobureaucratique *adj*, A3
technoéconomique *adj*, A3
teeshirt *nm*, A4
tek *nm*, G2
téléférage *nm*, A3
téléfilm *nm*, A3
télémétrer *v*, il télémètrera, il télémètrerait, C1
tempérer *v*, il tempèrera, il tempèrerait, C1
tempo *nm*, des tempos, B2
tennisman *nm*, des tennismans, B2
ténuto *adv*, C4
téocali *nm*, C4, G2
tépidarium *nm*, des tépidariums, B2
téquila *nf*, C4
terreplein *nm*, des terrepleins, A5
têtebêche *adv*, A5
téter *v*, il tètera, il tèterait, C1
tèterelle *nf*, C1
teufteuf *nm*, des teufteufs, A4
thaï *nm*, des thaïs, B2
thêta *nm*, des thêtas, B2
tholos *nf*, des tholos, B2
thrilleur *nm*, G2
tictac, *interj*, *nm*, des tictacs, A4
tifosi *n*, des tifosis, B2
tire-balle *nm*, des tire-balles, B1
tire-bonde *nm*, des tire-bondes, B1
tire-botte *nm*, des tire-bottes, B1
tirebouchon *nm*, A5
tirebouchonner *v*, A5
tire-bourre *nm*, des tire-bourres, B1
tire-bouton *nm*, des tire-boutons, B1
tire-braise *nm*, des tire-braises, B1
tire-clou *nm*, des tire-clous, B1
tire-crin *nm*, des tire-crins, B1
tire-fesse *nm*, des tire-fesses, B1
tire-feu *nm*, des tire-feux, B1
tire-filet *nm*, des tire-filets, B1
tirefond *nm*, des tirefonds, A5
tire-laine *nm*, des tire-laines, B1
tire-lait *nm*, des tire-laits, B1
tirelarigot (à) *loc adv*, A5
tire-ligne *nm*, des tire-lignes, B1
tire-lisse *nf*, des tire-lisses, B1
tire-pied *nm*, des tire-pieds, B1
tire-sac *nm*, des tire-sacs, B1
tire-sou *nm*, des tire-sous, B1
tire-terre *nm*, des tire-terres, B1
tire-veille *nm*, des tire-veilles, B1
tire-veine *nm*, des tire-veines, B1
tocade *nf*, F2
toccata *nf*, des toccatas, B2
tohubohu *nm*, des tohubohus, A4
tolérer *v*, il tolèrera, il tolèrerait, C1

tommy *nm*, des tommys, B2
tord-boyau *nm*, des tord-boyaux, B1
toréro *nm*, C4
torii *nm*, des toriis, B2
tory *nm*, des torys, B2
tourne-disque *nm*, des tourne-disques, B1
tourne-feuille *nm*, des tourne-feuilles, B1
tourne-oreille *nm*, des tourne-oreilles, B1
tourne-pierre *nm*, des tourne-pierres, B1
tourne-soc *nm*, des tourne-socs, B1
tourne-vent *nm*, des tourne-vents, B1
trachéobronchite *nf*, A3
tragicomédie *nf*, A3
tragicomique *adj*, A3
trainage *nm*, C2
trainailler *v*, C2
trainant, ante *adj*, C2
trainard, arde *n*, C2
trainasser *v*, C2
traine *nf*, C2
traineau *nm*, C2
traine-buche *nm*, des traine-buches, B1, C2
traine-buisson *nm*, des traine-buissons, B1, C2
trainée *nf*, C2
traine-malheur *nm*, des traine-malheur, B1, C2
trainement *nm*, C2
traine-misère *nm*, des traine-misères, B1, C2
trainer *v*, C2
traine-savate *nm*, des traine-savates, B1
traine-semelle *nm*, des traine-semelles, B1
traineur, euse *n*, C2
traintrain *nm*, des traintrains, A4
traitre, traitresse *adj*, *n*, C2
traitreusement *adv*, C2
traitrise *nf*, C2
transférer *v*, il transfèrera, il transfèrerait, C1
translittérer *v*, il translittèrera, il translittèrerait, C1
transparaitre *v*, il transparait, il transparaitra, il transparaitrait, C2
tréfler *v*, il trèflera, il trèflerait, C1
trémolo *nm*, C4
triboélectricité *nf*, A3
triboélectrique *adj*, A3
triclinium *nm*, des tricliniums, B2
triplicata *nm*, des triplicatas, B2
triséquer *v*, il trisèquera, il trisèquerait, C1
trole *nm*, D3
trompéter *v*, il trompètera, il trompèterait, C1, F3
trophomicrobien, enne *adj*, A3
trouble-fête *n*, des trouble-fêtes, B1
trousse-galant *nm*, des trousse-galants, B1
trousse-pet *nm*, des trousse-pets, B1
trousse-pied *nm*, des trousse-pieds, B1
trousse-queue *nm*, des trousse-queues, B1
troutrou *nm*, des troutrous, A4
trullo *nm*, des trullos, B2
tsétsé *nf*, des tsétsés, A4
tsointsoin *interj*, *adj*, tsointsoins, A4
tue-chien *nm*, des tue-chiens, B1
tue-diable *nm*, des tue-diables, B1
tue-loup *nm*, des tue-loups, B1
tue-mouche *nm*, des tue-mouches, B1
tumulus *nm*, des tumulus, B2
turbo *nm*, des turbos, B2
turboagitateur *nm*, A3
turboalternateur *nm*, A3
tutti *nm*, des tuttis, B2
tutti frutti *nm*, des tuttis fruttis, B2

U

[ukase *nm*] *voir* oukase
ulcérer *v*, il ulcèrera, il ulcèrerait, C1
[uléma *nm*] *voir* ouléma
ultrachic *adj*, A2
ultracolonialisme *nm*, A2
ultracolonialiste *adj*, *n*, A2
ultracourt, te *adj*, A2
ultramarin, ine *adj*, A2
ultrapétita *adv*, A2, C4
ultrapression *nf*, A2
ultrarévolutionnaire *adj*, *n*, A2
ultraroyaliste *adj*, *n*, A2
ultrasensible *adj*, A2
ultrason *nm*, A2
ultrasonique *adj*, A2
ultraviolet, ette *adj*, A2
ultraviolet *nm*, A2
upsilon *nm*, des upsilons, B2

V

vadémécum *nm*,
des vadémécums, B2, C4
valeter *v*, il valète, il valètera, il valèterait, D1
[vantail *nm*] *voir* ventail
vanupied *n*, des vanupieds, A5
varia *nm*, des varias, B2
vatout *nm*, des vatouts, A5
végéter *v*, il végètera, il végèterait, C1
vélarium *nm*, des vélariums, B2, C4
vélopousse *nm*, A5
véloski *nm*, A5
vélotaxi *nm*, A5
vélum *nm*, des vélums, B2, C4
vénérer *v*, il vénèrera, il vénèrerait, C1
vènerie *nf*, C1
ventail *nm*, *anciennement* vantail, F1
vergeter *v*, il vergète, il vergètera,
il vergèterait, D1
vergeüre *nf*, C3
véto *nm*, C4
vide-bouteille *nm*, des vide-bouteilles, B1
vide-cave *nm*, des vide-caves, B1
vide-ordure *nm*, des vide-ordures, B1
vide-poche *nm*, des vide-poches, B1
vide-pomme *nm*, des vide-pommes, B1
vide-tourie *nm*, des vide-touries, B1
vigneter *v*, il vignète, il vignètera,
il vignèterait, D1
vilénie *nf*, F3
violeter *v*, il violète, il violètera,
il violèterait, D1
vitupérer *v*, il vitupèrera,
il vitupèrerait, C1
vocératrice *nf*, C4
vocéro *nm*, des vocéros, B2, C4
vociférer *v*, il vocifèrera, il vocifèrerait, C1
volapuk *nm*, G2
volètement *nm*, D1
voleter *v*, il volète, il volètera,
il volèterait, D1
volleyball *nm*, A4
volteface *nf*, des voltefaces, A5
vomito négro *nm*, C4
voutain *nm*, C2
voutain, aine *adj*, C2
voute *nf*, C2
vouté, ée *adj*, C2
vouter *v*, C2

W

wallaby *nm*, des wallabys, B2
water *nm*, des waters, B2
waterpolo *nm*, A4
wattman *nm*, des wattmans, B2
weekend *nm*, des weekends, A4, B2
whisky *nm*, des whiskys, B2

X

xi *nm*, des xis, B2

Y

yak *nm*, G2
yéyé *n*, des yéyés, A4, B2
yidiche *nm*, G2
yogourt *nm*, G2
yoyo *nm*, A4
yoyoter *v*, D3

Z

zakouski *nm*, des zakouskis, B2
zani *nm*, G2
zarzuéla *nf*, C4
zébrer *v*, il zèbrera, il zèbrerait, C1
zêta *nm*, des zêtas, B2
zingaro *nm*, des zingaros, B2

Les illustrations accompagnant cette liste ont été réalisées par Pierre Kroll.
L'illustration de couverture est due à Pierre Jeudy, avec l'aide de Chris.